Le **wok** fait recettes
par Ken Hom

À Fung Sun Tsai avec toute mon affection,
et ma tante “Amu”, une des meilleures
cuisinières que je connaisse.

Le wok fait recettes

Ken Hom

HACHETTE

Sommaire

Introduction

Faire sauter les aliments à feu vif est la méthode de cuisson la plus fameuse, la plus délicieuse mais aussi la plus facile de toutes celles que l'on utilise dans la cuisine chinoise. Il suffit de bien faire son marché, de posséder les bons ustensiles et, bien sûr, d'avoir une bonne cuisinière à gaz (le wok ne convient pas aux plaques électriques).

Le grand avantage de cette technique, c'est qu'elle permet de conserver aux produits toutes leurs saveurs, leurs textures et leurs couleurs naturelles ; et tout cela pratiquement sans matières grasses ! Un plat sauté ne doit jamais être trop cuit ou trop gras.

Une fois le wok adopté et son utilisation maîtrisée, vous aurez du mal à cuisiner autrement ! Vous découvrirez que toutes les recettes sont possibles et pratiquement illimitées, toutes les combinaisons peuvent être tentées. Se servir d'un wok offre sans aucun doute un avantage par rapport à la poêle car non seulement son métal conduit très rapidement la chaleur mais en plus, sa forme arrondie concentre la chaleur et permet de remuer les aliments régulièrement en cours de cuisson, exactement comme il faut le faire.

Voici les grands principes de base et les étapes à respecter :

• Faites toujours chauffer le wok avant d'y verser l'huile, ceci évitera aux aliments de coller, et l'huile ne risquera pas de brûler ou de fumer inutilement. Personnellement, je préfère l'huile d'arachide car c'est précisément celle qui résiste le mieux à la chaleur.

• Versez l'huile et remuez-la avec une spatule ou une cuillère en bois pour qu'elle tapisse chaque centimètre carré du wok. Dans tous les cas, et à moins que vous ne la parfumiez (voir plus bas), l'huile doit être très brûlante avant de commencer à cuisiner.

• Si vous décidez de parfumer votre huile de cuisson avec de l'ail, des oignons nouveaux, du gingembre ou des piments, ne la faites surtout pas trop chauffer : les produits brûleraient et donneraient finalement un goût amer. Contentez-vous de les mélanger un moment dans l'huile. Vous verrez d'ailleurs que dans certaines recettes, je les élimine purement et simplement dès qu'ils ont livré leurs arômes.

• Ensuite, jetez les ingrédients dans le wok comme indiqué dans les recettes et faites-les sauter en remuant quasiment sans arrêt avec une cuillère en bois par exemple. Si vous commencez par la viande, laissez-la colorer un instant avant de remuer. L'idée générale est de déplacer les aliments du centre du wok vers les bords. Côté bruits et salissures, vous allez être gâté… mais ce n'est pas possible de faire autrement car la cuisson doit être conduite à feu très vif. Prenez donc un bon tablier avant de commencer et surtout un wok avec une belle poignée (voir plus bas) !

Les ustensiles

Les ustensiles traditionnels de la cuisine chinoise ne sont pas absolument essentiels, mais certains vous faciliteront vraiment la vie. Ne lésinez pas, en particulier, sur la qualité du wok.

Savoir choisir un bon wok

Prenez un wok assez grand, d'au moins 30-35 cm de diamètre, en métal assez épais. Il est plus facile (et c'est bien meilleur) de cuisiner peu d'ingrédients dans un grand wok que beaucoup d'ingrédients dans un petit wok. Évitez ceux qui présentent un trop grand fond plat car, finalement, ils ne se différencient pas beaucoup d'une simple poêle. Un bon wok doit être lourd et massif, fait en fonte, et non en aluminium car ce métal ne supporte pas les températures requises et, de plus, noircit rapidement.
On trouve maintenant des woks possédant un revêtement anti-adhésif. Ils peuvent convenir mais sont très fragiles et se rayent trop facilement. Choisissez ceux qui présentent les meilleures garanties de qualité.

Préparer un wok neuf

Tous les woks neufs, à l'exception de ceux possédant un revêtement anti-adhésif, doivent être préparés avant le premier usage.
Il faut aussi bien les nettoyer et les gratter car ils sont enduits de graisse utilisée pendant leur fabrication. Ce sera d'ailleurs le seul moment où vous aurez besoin de gratter votre wok sauf si, bien sûr, vous le laissez rouiller.
Commencez donc par frotter le wok avec une éponge et du détergent pour éliminer toute trace de graisse ou d'huile. Essuyez-le et posez-le sur un feu moyen. Graissez un chiffon propre d'huile d'arachide et passez-le sur toute la surface du wok bien propre. Laissez-le chauffer ainsi pendant un bon quart d'heure puis sortez-le du feu

et essuyez-le (en veillant à ne pas vous brûler) avec du papier absorbant qui va devenir tout noir. Répétez cette opération jusqu'à ce que le papier ressorte presque blanc et propre. Avec le temps, votre wok prendra une teinte très sombre, mais ne vous en inquiétez pas car cela signifie que vous l'utilisez souvent et que vous l'entretenez comme il faut.

Nettoyer le wok

Une fois le wok préparé, ne le grattez plus et n'utilisez plus de savon ni de détergents. Nettoyez-le juste avec de l'eau et séchez-le bien après usage. Si quelques points de rouille apparaissaient, grattez-les et huilez le wok.

Les baguettes

En Chine, les baguettes servent aussi à cuisiner. On les prend pour remuer et battre les ingrédients, un peu comme une fourchette.
Si vous préférez, vous pouvez d'ailleurs fort bien utiliser une fourchette, un fouet ou une spatule.

Le couteau-batte

Le couteau-batte est un instrument multi-usage dans la cuisine chinoise et n'a pas d'équivalent en Occident. Dès que vous aurez appris à le manier un peu, vous n'aurez plus besoin d'autres couteaux et serez capable de hacher, d'écraser, de trancher, d'émincer et beaucoup plus encore. En général, les chefs chinois possèdent trois couteaux-battes : un petit, un moyen et un gros qu'ils utilisent en fonction des produits travaillés. Bien sûr, si vous êtes à l'aise avec vos propres couteaux, ne changez rien mais si vous voulez franchir le pas et vous équiper, prenez ce qu'il y a de mieux c'est-à-dire les modèles en acier inoxydable et gardez-les bien coupants.
Quel que soit l'outil que vous choisirez, n'oubliez pas que la découpe des produits est l'étape cruciale de toute la cuisine sautée.
Légumes et viandes doivent être taillés de manière appropriée pour qu'ils puissent cuire rapidement et conserver tout leur intérêt culinaire et nutritionnel. De manière générale, essayez de couper viandes et légumes perpendiculairement au sens naturel des fibres, cela les rendra bien plus tendres.

Les accessoires du wok

Le cercle à wok

C'est un anneau de métal destiné à stabiliser un wok de forme traditionnelle (à fond rond) sur un fourneau ou une plaque.
Cet accessoire est indispensable pour la cuisson à vapeur, la friture ou le braisage. Il existe deux types de cercles à wok.
Le premier est un anneau massif ajouré de six trous de ventilation.
Le second est une sorte de cadre en fil métallique. Si vous cuisinez sur le gaz, utilisez uniquement le second, car le premier, trop fermé, risquerait d'éteindre la flamme.

Le couvercle à wok

Ce couvercle léger et bombé, souvent en aluminium, sert à la cuisson à la vapeur. Il est généralement vendu avec le wok, mais si ce n'est pas le cas, on le trouve facilement dans les magasins asiatiques.
Tout grand couvercle bombé capable de couvrir hermétiquement le wok conviendra.

La spatule à wok

Cette spatule est idéale pour remuer et soulever les ingrédients dans le wok, mais tout autre spatule ou cuillère à long manche peut faire l'affaire.

La grille

Une grille en fil métallique est indispensable pour cuire à la vapeur dans un wok. La grille est souvent commercialisée avec le wok mais les magasins asiatiques les vendent de toute façon séparément.
Vous trouverez en grande surface et en quincaillerie divers paniers ou grilles adaptés à la cuisson à la vapeur.

La brosse en bambou

C'est un balai rigide en filaments de bambou qui sert à nettoyer un wok sans le récurer ni endommager sa couche protectrice.
Cet ustensile est joli et peu onéreux, mais il n'est pas indispensable.
Une brosse douce de ménage offrira les mêmes avantages.

1 Bœuf sauté au poivre et aux baies

Rencontres Est-Ouest
Préparation : 30 minutes
Pour 4 personnes

450 g de bœuf (filet, faux-filet)

3 cuillerées à soupe d'huile d'arachide

2 cuillerées à soupe de Cognac

4 échalotes finement hachées

1 cuillerée à café de baies roses finement écrasées

1 cuillerée à café de poivre noir finement écrasé

1/2 cuillerée à café de sel

25 cl de bouillon de volaille ***(voir page 134)***

25 g de beurre

POUR LA MARINADE :

1 cuillerée à soupe de sauce soja

1 cuillerée à soupe de vinaigre blanc

2 cuillerées à café de Maïzena

2 cuillerées à café d'huile de sésame

Le steack au poivre est une recette française bien connue, peut-être un peu passée de mode aujourd'hui. Cependant, je l'ai toujours bien appréciée et je la personnalise en utilisant un mélange de baies roses et de poivre qui donne un goût succulent au bœuf. En Chine, on n'aime pas les gros morceaux de viande et c'est pour cela qu'on la coupe en petites tranchettes très faciles à cuire, comme c'est le cas ici. Le résultat est une recette où se mêlent les styles chinois et français. À servir avec des nouilles.

1 Coupez la viande en tranches de 5 cm de long et 5 mm d'épaisseur et mettez-la dans un saladier avec tous les ingrédients de la marinade puis laissez reposer pendant 20 minutes environ.

2 Faites chauffer le wok ou la poêle sur un feu très vif. Versez l'huile. Lorsque celle-ci commence juste à fumer, égouttez la viande sommairement. Jetez-la dans l'huile très chaude et faites sauter pendant 2 minutes pour la cuire presque complètement. Sortez la viande du wok, mettez-la dans une passoire et laissez-la s'égoutter.

3 Éliminez l'huile de cuisson, chauffez le wok à nouveau à feu très vif, versez le cognac et grattez le fond du wok avec une cuillère en bois. Attention aux flammes !

4 Ajoutez les échalotes, les baies, le poivre, le sel, le bouillon, portez à ébullition et laissez réduire de moitié. Sortez du feu et ajoutez le beurre coupé en petits morceaux pour qu'il fonde plus vite.

5 Incorporez enfin le bœuf déjà cuit, faites bouillir pendant 30 secondes environ et servez sans attendre.

2 Bœuf sauté à la sauce d'huître

Grand classique chinois
Préparation : 25 minutes
Pour 4 personnes

450 g de bœuf (filet, faux-filet)

3 cuillerées à soupe d'huile d'arachide

3 cuillerées à soupe de sauce d'huître

2 cuillerées à soupe d'oignons nouveaux finement hachés

POUR LA MARINADE :

1 cuillerée à café de sauce soja

2 cuillerées à café d'huile de sésame

1 cuillerée à soupe de vin blanc sec

2 cuillerées à café de Maïzena

Voici maintenant une des meilleures recettes que l'on préparait dans le restaurant de ma famille. Choisissez une grande marque de sauce d'huître pour être sûr qu'elle n'ait pas un mauvais goût de poisson. Cette sauce se marie très bien avec le bœuf mais aussi avec le porc. Servez cette recette avec un bon riz blanc nature *(voir page 135)*.

1 Coupez la viande en tranches de 5 cm de long et 5 mm d'épaisseur. Mettez-la dans un saladier avec tous les ingrédients de la marinade puis laissez reposer pendant 20 minutes environ.

2 Faites chauffer le wok ou la poêle sur un feu très vif. Versez l'huile. Lorsque celle-ci commence juste à fumer, jetez la viande dans l'huile très chaude et faites sauter pendant 2 minutes pour la cuire presque complètement.
Sortez la viande du wok, mettez-la dans une passoire et laissez-la s'égoutter quelques instants.

3 Essuyez rapidement le wok et chauffez-le à nouveau à feu très vif. Versez la sauce d'huître et faites-la frémir un court moment. Ajoutez le bœuf cuit et mélangez pour le réchauffer. Servez dans une assiette, parsemez d'oignons hachés et servez aussitôt.

3 Bœuf sauté au curry

Repas sans façons	
Préparation : 25 minutes	
Pour 3 à 4 personnes	

450 g de bœuf (filet, faux-filet)

3 cuillerées à soupe d'huile d'arachide

2 oignons hachés

4 gousses d'ail grossièrement hachées

2 cuillerées à soupe d'oignons nouveaux finement hachés

POUR LA MARINADE :

1 cuillerée à café de sauce soja

2 cuillerées à café d'huile de sésame

1 cuillerée à soupe de vin blanc sec

2 cuillerées à café de Maïzena

POUR LA SAUCE AU CURRY :

1 cuillerée à soupe de vin blanc sec

1 cuillerée à soupe de curry

2 cuillerées à soupe de sauce soja

1 cuillerée à café de sucre

2 cuillerées à soupe de bouillon de volaille *(voir page 134)* ou d'eau

Même si le curry n'est pas un assaisonnement typique de la cuisine chinoise, ce mélange s'y est fait une place, dans des recettes assez sucrées et douces. En fait, les épices exotiques apportent une touche très subtile à certains plats chinois. Le curry, par exemple, est parfait avec les légumes et le bœuf. Le meilleur des curries, qu'il soit sous forme de poudre ou de pâte est la variété « Madras ».
C'est d'ailleurs celui qu'utilisent tous les chefs chinois.
Voici une recette facile à faire qui régalera 3 ou 4 personnes.
Vous pouvez aussi l'intégrer au repas classique chinois où plusieurs plats se succèdent.

1 Coupez la viande en tranches de 5 cm de long et 5 mm d'épaisseur. Mettez-la dans un saladier avec tous les ingrédients de la marinade et laissez reposer pendant 20 minutes environ.

2 Faites chauffer le wok ou la poêle sur un feu très vif. Versez 2 cuillerées à soupe d'huile. Lorsque celle-ci commence juste à fumer, égouttez la viande sommairement. Jetez-la dans l'huile très chaude et faites-la sauter pendant 2 minutes pour la cuire presque complètement. Sortez la viande du wok, mettez-la dans une passoire et laissez-la s'égoutter.

3 Essuyez rapidement le wok et chauffez-le à nouveau à feu très vif. Versez une cuillerée à soupe d'huile, ajoutez les oignons, l'ail et faites-les sauter 1 minute.

4 Ajoutez tous les ingrédients de la sauce au curry et faites frémir pendant 3 minutes.

5 Incorporez ensuite le bœuf cuit et mélangez-le à la sauce. Faites réchauffer sans laisser bouillir, servez dans un plat et décorez avec les oignons nouveaux. Servez sans attendre.

4 Bœuf au gingembre et à l'ananas

Vite fait, bien fait
Préparation : 30 minutes
Pour 4 à 6 personnes

450 g de bœuf (filet, faux-filet)

4 tranches d'ananas frais

2 cuillerées à soupe d'huile d'arachide

2 cuillerées à soupe de gingembre frais haché

2 poivrons rouges coupés en morceaux

2 oignons nouveaux coupés dans la longueur

1 cuillerée à soupe d'eau

2 cuillerées à soupe de vin blanc

1 cuillerée à soupe de sauce soja

2 cuillerées à soupe d'huile de sésame

POUR LA MARINADE :

1 cuillerée à café de sel

2 cuillerées à soupe de vin blanc

2 cuillerées à soupe d'huile de sésame

1 1/2 cuillerée à soupe de Maïzena

Voici une recette que j'avais beaucoup appréciée au Yah Toh Heen, ce merveilleux restaurant chinois de Hong-Kong qui se trouvait à l'époque dans l'ancien Regent Hotel. C'est l'exemple même de ce que peut offrir l'innovation en cuisine chinoise qui permet de donner une deuxième jeunesse à un certain nombre de grands classiques. Cette recette est assurément fantastique : elle combine des textures et des saveurs très originales et se prépare vraiment rapidement. Je vous la recommande pour un grand dîner ou une occasion un peu spéciale. Vous pouvez tout organiser à l'avance : la viande, les légumes, le fruit, les garder au réfrigérateur et ne les cuisiner qu'au tout dernier moment.

1 Coupez la viande en tranches de 5 cm de long et 5 mm d'épaisseur et mettez-la dans un saladier avec tous les ingrédients de la marinade et laissez reposer pendant 20 minutes environ.

2 Préparez l'ananas : pelez-le, coupez-le en tranches, éliminez le cœur (trop dur) et détaillez-le en morceaux.

3 Faites chauffer le wok ou la poêle sur un feu très vif. Versez l'huile. Lorsque celle-ci commence juste à fumer, jetez la viande et faites sauter pendant 2 minutes pour la cuire presque complètement. Sortez la viande du wok, mettez-la dans une passoire et laissez-la s'égoutter.

4 Ajoutez le gingembre, les poivrons et les oignons nouveaux dans le wok bien chaud et faites sauter le tout à feu vif pendant 1 minute environ. Versez ensuite l'eau, le vin, et la sauce soja. Laissez cuire pendant 3 minutes.

5 Incorporez le bœuf cuit et l'ananas dans la sauce et laissez réchauffer sans faire bouillir. Terminez la recette en ajoutant l'huile de sésame, mélangez bien et servez aussitôt.

5 Bœuf sauté aux asperges

Repas sans façons
Préparation : 55 minutes
Pour 4 personnes

450 g de bœuf (filet, faux-filet)

3 cuillerées à soupe d'huile d'arachide

1 oignon haché

2 cuillerées à soupe de haricots noirs chinois salés

2 cuillerées à soupe d'ail haché

2 cuillerées à café de gingembre frais haché

450 d'asperges épluchées et coupées à 7,5 cm de longueur

3 cuillerées à soupe de bouillon de volaille ***(voir page 134)***

1 cuillerée à soupe de vin blanc

1 1/2 cuillerée à café de sel

1/2 cuillerée à café de poivre noir fraîchement moulu

1 cuillerée à café de sucre

2 cuillerées à soupe de sauce d'huître

POUR LA MARINADE :

2 cuillerées à café de sauce soja

2 cuillerées à café d'huile de sésame

2 cuillerées à soupe de vin blanc sec

2 cuillerées à café de Maïzena

1/2 cuillerée à café de mélange en parts égales de sel et poivre noir fraîchement moulu

L'asperge est sans doute l'un des légumes favoris de tous les gourmets qui se respectent. C'est d'ailleurs bien facile à comprendre. Leurs tiges et pointes cuites combinent les textures croquantes et moelleuses avec une saveur des plus raffinées. De plus, au printemps, elles sont faciles à trouver et ne coûtent pas trop cher. Les asperges se marient avec presque tous les produits mais, avec le bœuf, elles forment un mariage des plus heureux. Avec les haricots salés et l'ail, vous aurez une association irrésistible et une recette vraiment exceptionnelle. À essayer sans attendre !

1 Mettez le bœuf au congélateur pendant 20 minutes. De cette manière, il va durcir et sera bien plus facile à découper. Détaillez-le en tranches de 4 cm de long et aussi fines que possible. Mettez ensuite dans un saladier avec tous les ingrédients de la marinade et laissez reposer pendant 15 minutes environ.

2 Faites chauffer le wok ou la poêle sur un feu très vif. Versez la moitié de l'huile. Lorsque celle-ci commence juste à fumer, ajoutez la viande et faites sauter pendant 2 minutes pour la cuire presque entièrement. Sortez la viande du wok, mettez-la dans une passoire et laissez-la s'égoutter.

3 Versez le reste de l'huile dans le wok bien essuyé et faites chauffer à feu vif. Ajoutez l'oignon, les haricots, l'ail, le gingembre et faites sauter pendant 1 minute. Ajoutez ensuite les asperges et cuisez encore pendant 1 minute.

4 Versez le bouillon, le vin, ajoutez le sel, le poivre, le sucre et poursuivez la cuisson encore 3 minutes, le temps que les asperges se soient attendries. Ajoutez un peu plus d'eau si la sauce vient à manquer au fond du wok.

5 Ajoutez enfin la viande cuite, la sauce d'huître et mélangez bien. Servez aussitôt dans un beau plat de service.

6 Bœuf parfumé aux poivrons

Vite fait, bien fait
Préparation : 40 minutes
Pour 4 personnes

450 g de bœuf (filet, faux-filet)

3 tiges de citronnelle

3 cuillerées à soupe d'huile d'arachide

2 cuillerées à café de gingembre frais haché

4 échalotes finement émincées

3 gousses d'ail finement émincées

2 poivrons rouges ou verts coupés en morceaux

1 cuillerée à soupe de sauce soja

1 1/2 cuillerées à soupe de vin blanc

1/2 cuillerée à café de sel

1/2 cuillerée à café de poivre noir fraîchement moulu

1 1/2 cuillerée à café de sucre

2 cuillerées à café d'huile de sésame

POUR LA MARINADE :

1 cuillerée à soupe de vin blanc

2 cuillerées à soupe de sauce soja

2 cuillerées à café d'huile de sésame

2 cuillerées à café de Maïzena

C'est après maints voyages en Thaïlande que j'ai fini par me rendre compte que la citronnelle est un aromate aussi important que peuvent l'être l'ail ou le gingembre par exemple. Son parfum est raffiné quoique assez marqué et reconnaissable entre tous. Il donne aux recettes les plus simples un « petit plus » indéniable. On trouve maintenant la citronnelle assez facilement dans le commerce. Dans cette recette, je la marie avec de la viande de bœuf et des poivrons rouges : le contraste de texture et de saveur qui en résulte est vraiment des plus agréables.

1 Coupez la viande en tranches de 5 cm de long et 5 mm d'épaisseur et mettez-la dans un saladier avec tous les ingrédients de la marinade. Laissez macérer pendant 20 minutes environ.

2 Pelez la citronnelle pour ne garder que le centre tendre et parfumé. Écrasez-la sommairement et coupez-la en brins de 5 cm de longueur.

3 Faites chauffer le wok ou la poêle sur un feu très vif. Versez l'huile. Lorsque celle-ci commence juste à fumer, égouttez la viande et jetez-la dans l'huile très chaude. Faites-la sauter pendant 2 minutes pour la faire bien colorer. Sortez la viande du wok, mettez-la dans une passoire et laissez-la s'égoutter.

4 Gardez un peu d'huile dans le wok, faites chauffer à feu vif et faites sauter la citronnelle, le gingembre, les échalotes, l'ail et laissez cuire 20 secondes.

5 Ajoutez les poivrons, la sauce soja, le vin blanc, le sel, le poivre, le sucre et poursuivez la cuisson encore 3 minutes. Incorporez enfin le bœuf, faites sauter pendant 2 minutes en mélangeant constamment. Finissez la recette avec l'huile de sésame, transvasez dans un plat de service et passez à table aussitôt.

Bœuf

7 Salade de bœuf vietnamienne

Repas frais et léger
Préparation : 40 minutes
Pour 4 à 6 personnes

450 g de bœuf (filet, faux-filet)

1 cuillerée à soupe de nuoc mam

1 cuillerée à soupe de sauce soja

1 cuillerée à café de sucre

3 cuillerées à soupe d'huile d'arachide

8 gousses d'ail grossièrement hachées

Les feuilles d'une laitue bien ferme et fraîche

POUR LA VINAIGRETTE :

3 cuillerées à soupe de vinaigre de riz

1 cuillerée à soupe d'ail finement haché

Sel et poivre noir fraîchement moulu

2 cuillerées à café d'huile de sésame

3 cuillerées à soupe d'huile d'arachide

4 échalotes finement émincées

Voici ma recette vietnamienne préférée. Sa saveur est très légère. Le bœuf sauté est accompagné de quelques feuilles de verdure bien croquantes, comme le veut la tradition culinaire de ce pays. On sert souvent cette salade en entrée mais elle est tout aussi délicieuse en plat principal, en particulier pendant l'été, quand il fait très chaud. Il suffit de doubler les quantités indiquées ci-contre ou de mettre plus de salade.

1 Commencez par la vinaigrette : dans un grand saladier, mélangez le vinaigre, l'ail avec un peu de sel et de poivre. Fouettez en versant les huiles, ajoutez les échalotes et laissez de côté.

2 Coupez la viande en tranches de 5 cm de long et 5 mm d'épaisseur et mettez-la dans un saladier avec le nuoc mam, la sauce soja, le sucre et un peu de poivre noir. Mélangez bien et laissez mariner ainsi pendant 20 minutes environ.

3 Faites chauffer le wok ou la poêle sur un feu très vif. Versez l'huile. Lorsque celle-ci commence juste à fumer, ajoutez l'ail, laissez cuire pendant 20 secondes pour qu'il soit entièrement coloré. Égouttez et épongez l'ail sur du papier absorbant.

4 Gardez l'huile bien chaude puis ajoutez le bœuf et faites sauter pendant 2 minutes pour le cuire et le colorer. Sortez la viande cuite du wok et égouttez-la dans une petite passoire.

5 Mélangez les feuilles de laitue et la vinaigrette et déposez cette salade dans un plat de service. Posez le bœuf cuit par-dessus, saupoudrez d'ail cuit et servez sans attendre.

8 Bœuf piquant à la thaïlandaise

Repas piquant brûlant !
Préparation : 45 minutes
Pour 4 personnes

450 g de bœuf (filet, faux-filet)

1 cuillerée à café de sel

1/2 cuillerée à café de poivre noir fraîchement moulu

1 cuillerée à café d'huile de sésame

5/6 champignons noirs

1 1/2 cuillerée à soupe d'huile d'arachide

2 oignons finement émincés

2 cuillerées à soupe d'ail grossièrement haché

4 petits piments rouges épépinés et finement émincés

1 cuillerée à soupe de vin blanc

1 cuillerée à soupe de sauce d'huître

1 cuillerée à soupe de sauce soja

1 cuillerée à café de sucre

2 cuillerées à soupe de bouillon de volaille ***(voir page 134)*** **ou d'eau**

4 oignons nouveaux finement émincés

Si l'imitation est la forme sincère de la flatterie, cette recette est la réplique admirative d'une grande création de mon ami Chalie Amatylakul. Chalie est une des plus grandes autorités en matière de cuisine thaï et il m'a appris une foule de choses sur son art. Si l'on excepte l'utilisation des poivrons rouges, cette recette pourrait presque paraître chinoise. Elle est succulente, parfumée et rapide à préparer. Servez-la avec du riz ou un assortiment de légumes en plat principal.

1 Coupez le bœuf en allumettes de 5 cm de long et 5 mm de large avec un couteau bien coupant. Mélangez ensuite la viande avec le sel, le poivre et l'huile de sésame.

2 Faites tremper les champignons noirs dans de l'eau chaude pendant 20 minutes puis égouttez-les et pressez-les entre vos mains pour éliminer un maximum d'eau. Coupez et jetez les racines puis émincez grossièrement les champignons.

3 Faites chauffer le wok ou la poêle sur un feu très vif. Versez l'huile. Lorsque celle-ci commence juste à fumer, ajoutez les oignons et l'ail. Faites sauter pendant 3 minutes.

4 Ajoutez le bœuf, le piment et continuez la cuisson pendant 2 minutes. Incorporez ensuite le vin, la sauce d'huître, la sauce soja, le sucre et le bouillon (ou l'eau). Ajoutez les champignons, et continuez à faire sauter en remuant pendant une autre minute.

5 Déposez délicatement la recette dans un plat de service, saupoudrez avec les oignons émincés et servez aussitôt.

9 Bœuf à la vietnamienne à la citronnelle

Repas sans façons
Préparation : 1 h 10
Pour 4 personnes

450 g de bœuf (filet, faux-filet)

3 cuillerées à soupe d'huile d'arachide

1 oignon finement haché

2 piments rouges ou verts épépinés, coupés en morceaux

3 cuillerées à soupe d'ail grossièrement haché

1 cuillerée à soupe de vin blanc

2 cuillerées à café de sucre

Pour la marinade :

2 tiges de citronnelle

2 cuillerées à café de nuoc mam

2 cuil. à café de vin blanc

2 cuil. à café d'huile de sésame

1/2 cuillerée à café de sel

1/2 cuillerée à café de poivre noir fraîchement moulu

2 cuillerées à café de Maïzena

Pour la garniture :

4 cuillerées à soupe de cacahuètes grillées

Les feuilles d'une petite botte de coriandre

Le bœuf se marie particulièrement bien avec la citronnelle dans un style très vietnamien. La garniture de cacahuètes grillées amène de la saveur et un côté croquant très original à cette recette décidément assez inattendue. Pour la transformer en plat complet, servez-la avec du riz ou des légumes sautés.

1 Mettez le bœuf au congélateur pendant une vingtaine de minutes afin de le raffermir et de pouvoir le couper plus facilement. Pendant ce temps, pelez la citronnelle pour ne garder que le cœur tendre et parfumé. Coupez-la en tiges de 7,5 cm de longueur environ.

2 Détaillez le bœuf en fines tranches d'environ 4 cm de long. Mettez-les dans un saladier avec tous les ingrédients de la marinade, y compris la citronnelle. Mélangez bien et laissez mariner pendant 30 minutes.

3 Faites chauffer le wok ou la poêle sur un feu très vif. Versez l'huile. Lorsque celle-ci commence juste à fumer, ajoutez la viande et sa marinade puis faites sauter pendant 2 minutes pour la faire bien colorer. Sortez la viande du wok, mettez-la dans une passoire et laissez-la s'égoutter.

4 Faites chauffer le wok à nouveau avec l'huile qui doit rester au fond. Ajoutez l'oignon, les piments, l'ail et faites sauter pendant 1 minute. Versez ensuite le vin, le sucre et poursuivez la cuisson 1 autre minute.

5 Incorporez la viande cuite aux légumes et laissez réchauffer à feu plus doux sans laisser bouillir. Présentez la recette dans un plat bien chaud, saupoudrez-la avec les cacahuètes et les feuilles de coriandre.

10 Bœuf sauté à l'orange

Grand classique chinois
Préparation : 40 minutes
Pour 4 personnes

450 g de bœuf (filet, faux-filet)

65 ml d'huile d'arachide

2 piments rouges coupés en deux dans la longueur

1 cuillerée à soupe de peau d'orange sèche, grossièrement hachée ***(voir page 140)***

2 cuillerées à café de poivre du Sichuan entier, grillé et finement broyé ***(voir page 140)***

2 cuillerées à soupe de sauce soja

1/2 cuillerée à café de sel

1/2 cuillerée à café de poivre noir fraîchement moulu

1 1/2 cuillerée à café de sucre

2 cuillerées à café d'huile de sésame

POUR LA MARINADE :

1 cuillerée à soupe de sauce soja

1 cuillerée à soupe de vin blanc

1 1/2 cuillerée à soupe de gingembre frais

2 cuillerées à café de Maïzena

2 cuillerées à café d'huile de sésame

Voici maintenant une recette que l'on prépare dans le nord et l'est de la Chine. Les Chinois ont toujours apprécié la saveur de la peau d'orange séchée (plus elle est vieille, plus elle est chère). Vous pouvez facilement faire des peaux d'orange séchées à la maison mais le résultat est tout aussi excellent avec des oranges fraîches. Ce plat ne présente pas de difficulté et son goût change vraiment des habituelles recettes de bœuf sauté au wok.

1 Coupez la viande en tranches de 5 cm de long et mettez-la dans un saladier avec tous les ingrédients de la marinade. Laissez reposer pendant 20 minutes environ.

2 Faites chauffer le wok ou la poêle sur un feu très vif. Versez l'huile. Lorsque celle-ci commence juste à fumer, égouttez la viande sommairement. Jetez-la dans le wok très chaud et faites sauter pendant 2 minutes pour la cuire presque complètement. Sortez la viande du wok, mettez-la dans une passoire et laissez-la s'égoutter.

3 Videz l'huile de cuisson en en gardant juste un peu, faites chauffer le wok et faites sauter les piments pendant 10 secondes.

4 Remettez le bœuf cuit dans le wok ou la poêle, ajoutez tous les autres ingrédients de la recette et faites sauter toujours à feu vif pendant 2 autres minutes en mélangeant bien. Servez aussitôt.

11 Porc sauté à l'ail

Grand classique chinois
Préparation : 30 minutes
Pour 4 personnes

450 g de viande de porc sans gras (filet, longe, filet mignon)

2 cuillerées à soupe d'huile d'arachide

3 cuillerées à soupe d'ail finement haché

3 oignons nouveaux finement coupés

2 cuillerées à soupe de sauce pimentée chinoise

1 cuillerée à soupe de sauce soja

1 cuillerée à soupe de vin blanc

1 cuillerée à café de sucre

1 cuillerée à soupe de bouillon de volaille *(voir page 134)* ou d'eau

1 cuillerée à soupe d'huile de sésame

POUR LA MARINADE :

1 cuillerée à soupe de sauce soja

1 cuillerée à soupe de vin blanc

1 cuillerée à café de Maïzena

2 cuillerées à café d'huile de sésame

L'ail et le porc sont deux des ingrédients les plus courants de la cuisine chinoise. Le porc est considéré comme une viande « rouge » en Chine car, pour de nombreuses raisons liées à l'histoire même du pays, le bœuf reste une denrée très rare. Avec le gingembre et la sauce soja, l'ail fait partie des composants aromatiques essentiels de la cuisine chinoise.
La sauce pimentée que l'on utilise dans cette recette a toute son importance car elle lui donne une grande part de sa personnalité. Ce plat, d'inspiration méridionale, est reconnaissable à ses saveurs franches et raffinées. Ma mère le réalisait souvent et il comptait parmi mes préférés. Elle en faisait varier le goût en changeant le type ou la qualité de la sauce pimentée. Très facile à préparer, ce porc à l'ail est parfait avec un riz nature *(voir page 135)* ou des légumes sautés.

1 Coupez le porc en fines tranches d'environ 5 cm de long. Mettez cette viande dans un saladier et mélangez-la à la main avec tous les ingrédients de la marinade. Laissez mariner ainsi pendant 20 minutes environ.

2 Faites chauffer le wok ou une poêle puis versez-y la moitié de l'huile. Quand celle-ci est très chaude et commence juste à fumer, prenez le porc avec une écumoire et déposez-le dans le wok brûlant. Faites sauter la viande pendant 2 à 3 minutes puis mettez-la dans une petite passoire.

3 Essuyez le wok, chauffez-le à nouveau et versez-y le reste d'huile. Ajoutez l'ail, les oignons nouveaux et la sauce pimentée, faites cuire quelques secondes puis incorporez tous les autres ingrédients. Portez à ébullition, ajoutez le porc déjà cuit et faites sauter à nouveau pendant 2 minutes environ. Présentez votre porc à l'ail dans un plat de service et servez sans attendre.

12 Porc sauté parfumé au basilic

Repas piquant brûlant !
Préparation : 10 minutes
Pour 2 à 4 personnes

1 1/2 cuillerée à soupe d'huile d'arachide

3 cuillerées à soupe d'ail finement haché

3 cuillerées à soupe de piments rouge épépinés finement hachés

450 g de viande de porc sans gras hachée

2 cuillerées à soupe de coriandre fraîche finement hachée

2 cuillerées à soupe de nuoc mam

1 cuillerée à soupe de sauce d'huître

2 cuillerées à café de sucre

15 cl de bouillon de volaille ***(voir page 134)***

Toutes les feuilles bien lavées d'une botte de basilic frais

Voici une autre recette irrésistible inspirée de la cuisine thaïlandaise. Le porc haché est rapidement sauté et mélangé à du basilic qui joue presque le rôle du légume ! Rappelez-vous qu'en cuisine thaï, on ne met jamais assez de basilic. Ici, vous le verrez, le résultat est vraiment superbe : les saveurs se combinent parfaitement et, avec un peu de riz nature, vous aurez de quoi ravir toute la famille tout en mettant une agréable touche d'exotisme dans les assiettes.

1 Faites chauffer le wok ou une poêle puis versez-y l'huile. Quand elle est très chaude et paraît presque fumer, jetez l'ail, les piments et faites-les sauter pendant 30 secondes.

2 Ajoutez le porc, continuez à faire sauter à feu très vif pendant 3 minutes environ. Incorporez la coriandre, le nuoc mam, la sauce d'huître, le sucre, le bouillon et poursuivez la cuisson 2 autres minutes.

3 Ajoutez les feuilles de basilic entières, mélangez bien puis versez délicatement la recette dans un plat légèrement creux et servez immédiatement.

13 Porc sauté à la pâte de crevette

Repas sans façons	
Préparation : 30 minutes	
Pour 2 à 4 personnes	

450 g de viande de porc sans gras (filet mignon)

1 cuillerée à café de sel

2 cuillerée à soupe de sauce soja

1 1/2 cuillerée à soupe d'huile d'arachide

2 piments rouges ou verts épépinés finement hachés

2 petits oignons grossièrement hachés

2 cuillerées à soupe d'échalotes finement coupées

2 cuillerées à soupe de nuoc mam

1/2 cuillerée à café de poivre blanc fraîchement moulu

1 cuillerée à café de sucre

1 1/2 cuillerée de pâte de crevette (en épicerie asiatique)

Les feuilles propres d'une belle botte de coriandre

Dans cette recette nommée « *moo phad gapi* », le filet de porc est mariné dans de la sauce soja et parfumé avec de la pâte de crevette. Servi avec vos légumes sautés favoris et un riz nature (*voir page* 135), ce plat surprendra et ravira tous vos convives.

1 Coupez le porc en fines tranches d'environ 4 cm de longueur et mettez-les dans un saladier. Ajoutez le sel, la moitié de la sauce soja, mélangez bien et laissez mariner pendant 20 minutes.

2 Faites chauffer le wok ou une poêle puis versez-y l'huile. Quand celle-ci est très chaude et commence juste à fumer, mettez les tranches marinées dans le wok brûlant en faisant attention aux projections. Faites sauter la viande pendant 2 minutes puis mettez-la dans une petite passoire et laissez-la s'égoutter.

3 Replacez le wok sur le feu, ajoutez les piments, les oignons, les échalotes et faites sauter le tout pendant 2 minutes. Versez le nuoc mam, le reste de sauce soja, ajoutez le poivre, le sucre et la pâte de crevette.

4 Ajoutez le porc cuit, mélangez bien et continuez à faire sauter à feu vif pendant 2 minutes, jusqu'à cuisson complète. Ajoutez enfin les feuilles de coriandre, mélangez bien et servez aussitôt.

14 Porc sauté aux petits oignons nouveaux

Repas sans façons
Préparation : 30 minutes
Pour 2 à 4 personnes

450 g de viande de porc sans gras (filet mignon)

1 cuillerée à soupe d'huile d'arachide

8 oignons nouveaux coupés en morceaux de 5 cm de longueur

1 cuillerée à café de sel

1/2 cuillerée à café de poivre noir fraîchement moulu

1 cuillerée à café de sucre

POUR LA MARINADE :

1 cuillerée à soupe de vin blanc

1 cuillerée à soupe de sauce soja

2 cuillerées à café d'huile de sésame

1 cuillerée à café de Maïzena

Cette recette montre bien à quel point il est facile de cuisiner avec un wok : une petite recette comme celle-ci peut vraiment se faire en quelques minutes. Le secret, ici, est de ne pas trop faire cuire le porc.

1 Coupez le porc en fines tranches de 5 cm de long environ. Mettez-les dans un saladier et mélangez-les avec tous les ingrédients de la marinade. Laissez la viande mariner ainsi pendant 10-15 minutes pour qu'elle absorbe bien toutes les saveurs.

2 Faites chauffer le wok ou une poêle puis versez-y l'huile. Quand celle-ci est très chaude et commence juste à fumer, ajoutez le porc en faisant très attention aux projections. Faites sauter la viande pendant 2 à 3 minutes puis retirez-la et mettez-la dans une petite passoire pour qu'elle puisse s'égoutter.

3 Faites réchauffer le wok à feu vif, ajoutez les oignons, le sel, le poivre et le sucre. Faites sauter ces ingrédients pendant 2 minutes puis ajoutez le porc cuit. Laissez cuire encore 2 minutes en remuant souvent puis servez aussitôt.

15 Porc sauté au piment et aux noix de cajou

Vite fait, bien fait
Préparation : 25 minutes
Pour 4 personnes

450 g de viande de porc sans gras (filet mignon)

1 1/2 cuillerée à soupe d'huile d'arachide

1 cuillerée à café de sel

1/2 cuillerée à café de poivre noir fraîchement moulu

4 cuillerées à soupe de noix de cajou

1 cuillerée à soupe de vin blanc

1 cuillerée à soupe de sauce soja

1 cuillerée à soupe de sauce au piment

2 cuillerées à café de sucre

3 oignons nouveaux finement hachés

POUR LA MARINADE :

1 cuillerée à soupe de vin blanc

2 cuillerées à café de sauce soja

2 cuillerées à café d'huile de sésame

1 cuillerée à café de Maïzena

Le porc, la viande « rouge » préférée des Chinois, est succulent avec les noix de cajou qui donnent un petit côté croquant très agréable. Ajoutez une touche de piment pour donner du corps à la recette, et vous obtenez un plat facile à exécuter, délicieux et pouvant faire honneur aux néophytes comme aux connaisseurs de cuisine chinoise. Accompagnez-le de légumes sautés et de riz blanc nature.

1 Coupez le porc en fines tranches de 5 cm de long environ. Mettez-les dans un saladier et mélangez-les avec tous les ingrédients de la marinade. Laissez la viande mariner ainsi pendant 10 à 15 minutes pour qu'elle absorbe toutes les saveurs.

2 Faites chauffer le wok ou une poêle puis versez-y l'huile. Quand celle-ci est très chaude et commence à peine à fumer, ajoutez le porc avec le sel, le poivre, en faisant toujours attention aux projections brûlantes. Faites sauter la viande pendant 2-3 minutes puis retirez-la avec une écumoire.

3 Faites sauter ensuite les noix de cajou pendant 1 minute puis ajoutez tous les autres ingrédients de la recette avec la viande cuite, à l'exception des oignons. Faites sauter encore pendant 2 minutes puis servez dans un plat et saupoudrez d'oignons nouveaux hachés au tout dernier moment.

16 Porc sauté aux cacahuètes comme au Sichuan

Grand classique chinois
Préparation : 10 minutes
Pour 4 personnes

450 g de viande de porc sans gras (filet mignon)

1 1/2 cuillerée à soupe d'huile d'arachide

1 piment rouge sec coupé en deux dans la longeur

6 cuillerées à soupe de cacahuètes non salées

POUR LA MARINADE :

1 cuillerée à soupe de sauce soja

2 cuillerées à café de vin blanc

1 cuillerée à café d'huile de sésame

2 cuillerées à café de Maïzena

POUR LA SAUCE :

2 cuillerées à soupe de bouillon de volaille *(voir page 134)* ou d'eau

2 cuillerées à soupe de vin blanc

1 cuillerée à soupe de sauce soja

2 cuillerées à café de sucre

1 cuillerée à soupe d'ail haché

1/2 cuillerée à soupe d'oignons nouveaux finement hachés

2 cuillerées à café de gingembre frais haché

1 cuillerée à soupe de vinaigre de vin

1 cuillerée à café d'huile de sel

1 cuillerée à café d'huile de sésame

Cette recette est habituellement préparée avec du poulet. Elle ne prend pas beaucoup de temps et est vraiment délicieuse – comme toutes les recettes du Sichuan. La chair du porc convient parfaitement aux assaisonnements marqués comme c'est le cas ici et les cacahuètes apportent un petit côté croquant original. À servir avec du riz blanc nature et un légume sauté de votre choix.

1 Coupez le porc en petits cubes plus ou moins réguliers et mélangez-les dans un saladier avec la marinade.

2 Faites chauffer le wok ou une poêle puis versez-y l'huile. Quand elle est très chaude et paraît presque fumer, jetez les morceaux de piment et faites-les sauter pendant quelques secondes. À ce stade vous avez deux solutions : soit vous enlevez les piments (ils ont parfumé l'huile de cuisson), soit vous les gardez et le plat sera alors assez fort. Ajoutez les cacahuètes, faites-les sauter pendant 1 minute puis mettez-les dans une assiette.

3 Prenez le porc avec une écumoire et faites-le sauter pendant 3 minutes dans le wok bien chaud. Mettez-le ensuite dans une passoire et laissez-le s'égoutter.

4 Essuyez rapidement le wok puis mettez-y tous les ingrédients de la sauce sauf l'huile de sésame. Portez à ébullition, réduisez l'intensité du feu, ajoutez la viande cuite et laissez cuire en remuant pendant 2 minutes.

5 Ajoutez enfin les cacahuètes et l'huile de sésame. Mélangez bien et servez de suite.

17 Porc sauté aux litchis

Repas frais et léger
Préparation : 10 minutes
Pour 4 à 6 personnes

450 g de viande de porc sans gras (filet mignon)

2 cuillerées à café de sauce soja

2 cuillerées à café de vin blanc

1 cuillerée à café d'huile de sésame

2 cuillerées à café de Maïzena

225 g de litchis frais ou en boîtes et égouttés

1 1/2 cuillerée à soupe d'huile d'arachide

2 cuillerées à soupe d'ail haché

2 cuillerées à soupe d'oignons nouveaux grossièrement hachés

En Chine, le porc est toujours servi avec des accompagnements riches en légumes et, parfois aussi, en fruits. Dans cette recette, il est associé aux litchis. Idéalement, évitez les produits en boîte et préférez des fruits frais : leur saveur rafraîchissante et délicate va si bien avec le porc, créant à la fois un contraste et un mariage des plus heureux. À servir avec du riz *(voir page 135)*.

1 Coupez le porc en tranches de 5 cm de longueur et 5 mm d'épaisseur environ. Mettez-les dans un saladier, ajoutez la sauce soja, le vin blanc, l'huile de sésame, la Maïzena et mélangez bien.

2 Si vous avez des litchis frais, pelez-les et dénoyautez-les. S'ils sont en boîte, égouttez-les simplement (vous n'aurez pas besoin de leur jus pour faire la recette).

3 Chauffez le wok ou la poêle, versez l'huile et, quand celle-ci est chaude, ajoutez l'ail. Laissez cuire 10 secondes, incorporez le porc et faites sauter à feu très vif pendant 2 minutes environ.

4 Ajoutez les litchis, faites sauter encore 30 secondes. Saupoudrez d'oignons hachés et servez sans attendre.

18 Porc sauté aux champignons

Repas sans façons
Préparation : 10 minutes
Pour 4 personnes

3 cuillerées à soupe d'huile d'arachide

3 cuillerées à soupe d'ail haché

2 cuillerées à soupe de piments rouges secs, épépinés et hachés

225 g de viande de porc hachée

2 cuillerées à soupe d'oignons nouveaux hachés

2 cuillerées à soupe de sauce soja

2 cuillerées à café de sucre

3 cuillerées à soupe d'eau

Les feuilles propres d'une botte de basilic

2 cuillerées à café d'huile de sésame

POUR LES CHAMPIGNONS :

225 g de petits champignons de Paris propres

1 cuillerée à soupe de vin blanc

Sel et poivre noir fraîchement moulu

Voici une recette gourmande à servir avec des nouilles ou des pâtes fraîches. Elle associe le porc et les champignons avec un mélange d'épices et d'aromates aussi subtil qu'original. N'ayez pas peur des quantités : ce porc aux champignons se réchauffe très bien.

1 Faites chauffer le wok ou une poêle puis versez-y la moitié de l'huile. Quand elle est très chaude et paraît presque fumer, jetez l'ail, les piments et faites sauter pendant une trentaine de secondes. Ajoutez le porc haché et poursuivez la cuisson pendant 3 minutes.

2 Incorporez les oignons, la sauce soja, le sucre, l'eau et faites sauter le tout pendant encore 3 minutes. Ajoutez les feuilles de basilic, mélangez et versez toute cette préparation dans un saladier.

3 Essuyez le wok, posez-le à nouveau sur un feu bien vif et versez le reste d'huile. Faites sauter les champignons pendant une bonne minute.

4 Versez le vin, salez, poivrez et poursuivez la cuisson pendant quelques minutes, le temps que les champignons soient cuits.

5 Ajoutez le porc cuit aux champignons et laissez cuire 2 minutes environ. Juste avant de servir, finissez la recette en incorporant l'huile de sésame et en mélangeant un peu. Présentez dans un plat et servez aussitôt.

19 Porc sauté aux épinards

Grand classique chinois	
Préparation : 15 minutes	
Pour 2 à 4 personnes	

675 g d'épinards

450 g de viande de porc sans gras (filet mignon)

5 cuillerées à café de sauce soja

1 cuillerée à café de vin blanc

1 cuillerée à café d'huile de sésame

2 cuillerées à café de Maïzena

3 cuillerées à soupe d'huile d'arachide

2 cuillerées à soupe d'ail haché

1 cuillerée à soupe de gingembre frais haché

1 cuillerée à café de sucre

2 cuillerées à soupe d'oignons nouveaux grossièrement hachés

Sel et poivre noir fraîchement moulu

J'aime beaucoup cette recette très simple, que ma mère faisait si souvent. Sans hésitation, ce porc est aussi bon que sain et cette façon de le préparer permet de faire manger des épinards aux plus jeunes ! Le secret, c'est de décomposer la cuisson : la viande en premier et ensuite, seulement, les épinards. De cette manière, la viande ne risque pas de se mettre à bouillir (et à durcir) dans le jus que forment naturellement les épinards.

1 Équeutez et lavez les épinards. Égouttez et mettez-les de côté.

2 Découpez le porc en fines lanières de 1 cm de côté et 7,5 cm de longueur environ. Faites-les mariner 15 minutes dans un saladier avec 2 cuillerées à soupe de sauce soja, le vin blanc, l'huile de sésame et la maïzena.

3 Faites chauffer à feu vif un wok ou une poêle. Versez l'huile. Quand celle-ci est brûlante, jetez le porc et faites sauter pendant 3 minutes environ en remuant souvent. Égouttez aussitôt la viande et réservez.

4 Faites chauffer le wok à nouveau puis ajoutez l'ail et le gingembre. Salez, poivrez, cuisez pendant 30 secondes puis incorporez les épinards, toujours en mélangeant.

5 Lorsque les épinards paraissent cuits et ont perdu leur volume, ajoutez le sucre, le reste de la sauce soja et le porc. Cuisez encore 2 minutes à feu vif puis servez dans un plat chaud. N'oubliez pas de saupoudrer d'oignons hachés, au tout dernier moment.

20 Agneau sauté comme au Hunan

Repas piquant brûlant !
Préparation : 30 minutes
Pour 2 à 4 personnes

450 g de viande d'agneau dégraissée sans gras (épaule, filet)

1 cuillerée à soupe d'huile d'arachide

3 cuillerées à soupe d'oignons nouveaux finement hachés (la partie blanche)

6 gousses d'ail finement émincées

2 cuillerées à café de gingembre frais émincé en fin bâtonnets

1 cuillerée à soupe de sauce pimentée

1 1/2 cuillerée à soupe de sauce hoisin

1 cuillerée à café de sucre

1 cuillerée à café d'huile de sésame

POUR LA MARINADE :

1 cuillerée à soupe de vin blanc

3 cuillerées à soupe de sauce soja

2 cuillerées à café d'huile de sésame

1 1/2 cuillerée à café de Maïzena

L'agneau n'est pas une viande que l'on consomme beaucoup dans le sud de la Chine. Elle est très appréciée, en revanche, dans tout le nord et le centre du pays. Dans le sud, justement, voici comment on ironise sur cette viande : « il y a 72 recettes pour cuisiner l'agneau et toutes sont insipides ! »
Mais cette affirmation ne rend pas justice à cet excellent produit. Cette recette le prouve, la viande d'agneau peut se révéler absolument succulente surtout si vous prenez de l'épaule ou du filet. La province du Hunan (où est né le président Mao Tsé-Toung) est renommée pour sa cuisine relevée. Les sauces pimentées et hoisin y sont, comme ici, fréquemment employées dans les préparations. Si vous n'appréciez pas trop toutes ces saveurs fortes, limitez les quantités de piment. Pour faire un repas complet, servez cet agneau avec du riz nature *(voir page* 135) et des légumes sautés.

1 Coupez l'agneau en fines tranches et placez-les dans un saladier. Versez la marinade par-dessus, mélangez bien et laissez mariner pendant 20 minutes environ.

2 Faites chauffer le wok, versez l'huile et faites sauter l'agneau et sa marinade pendant 2 minutes environ.

3 Ajoutez les oignons, l'ail, le gingembre et faites cuire à feu vif pendant 2 autres minutes. Versez les deux sauces, le sucre et faites sauter encore 2 minutes.

4 Mélangez l'huile de sésame, versez délicatement la recette dans un plat de service chaud et servez aussitôt.

21 Agneau épicé sauté aux oranges

Repas piquant brûlant !
Préparation : 35 minutes
Pour 4 personnes

450 g de viande d'agneau dégraissée sans gras (épaule, filet)

3 cuillerées à soupe d'huile d'arachide

1 1/2 cuillerée à soupe de gingembre frais haché

6 gousses d'ail finement émincées

1 cuillerée à soupe de zeste d'orange haché

1 cuillerée à café de poivre du Sichuan grillé, finement moulu (en option) *(voir page 140)*

2 cuillerées à soupe de jus d'orange

1 cuillerée à soupe de sauce soja

2 cuillerées à soupe de sauce pimentée

1/2 cuillerée à café de sel

1/2 cuillerée à café de poivre noir moulu

1 cuillerée à café de sucre

2 cuillerées à café d'huile de sésame

POUR LA MARINADE :

1 cuillerée à soupe de sauce soja

2 cuillerées à café de vin blanc

1 cuillerée à café d'huile de sésame

2 cuillerées à café de Maïzena

En général, les Chinois n'apprécient guère l'agneau. Il faut dire que celui que l'on trouve en Chine est assez fort et ne ressemble pas vraiment à celui que l'on consomme sous nos latitudes. Ici, j'associe la viande d'agneau et le zeste d'orange pour créer un contraste de saveur très original où se marient les arômes de tous les ingrédients. Ce plat est vraiment facile à faire et vous serez certainement séduit par son équilibre et l'extrême richesse de son goût. Servez-le avec des légumes sautés et du riz blanc nature *(voir page 135)*.

1 Coupez l'agneau en fines tranches de 5 cm de longueur et mettez-les dans un saladier. Versez la marinade par-dessus, mélangez bien et laissez macérer pendant 20 minutes environ.

2 Faites chauffer le wok ou une poêle puis versez-y l'huile. Quand celle-ci est très chaude et commence à peine à fumer, prenez l'agneau avec une écumoire et mettez-le dans le wok brûlant en faisant attention aux projections. Faites sauter la viande pendant 2 minutes puis retirez-la et déposez-la dans une petite passoire.

3 Toujours à feu vif, faites sauter ensuite le gingembre, l'ail, l'orange (zeste et jus) et le poivre du Sichuan pendant 20 secondes.

4 Ajoutez l'agneau cuit, tous les autres ingrédients de la recette et faites cuire encore pendant 4 minutes puis servez aussitôt.

22 Agneau sauté à l'ail

Repas sans façons
Préparation : 30 minutes
Pour 4 personnes

450 g de viande d'agneau dégraissée sans gras (épaule, filet)

1 cuillerée à soupe d'huile d'arachide

2 oignons nouveaux finement hachés (la partie blanche)

6 gousses d'ail finement émincées

2 cuillerées à café de gingembre frais finement haché

1 cuillerée à café de poivre du Sichuan grillé, finement moulu ***(voir page 140)***

POUR LA MARINADE :

1 cuillerée à soupe de vin blanc

2 cuillerées à café de sauce soja

2 cuillerées à café d'huile de sésame

1 1/2 cuillerée à café de Maïzena

C'est sautée que la viande d'agneau révèle toute sa saveur ! C'est pourquoi on la cuisine souvent ainsi en Chine, avec beaucoup d'oignons et d'ail hachés. Pour cette recette, prenez du filet qui sera très tendre et juteux. Servez avec du riz nature *(voir page 135)*.

1 Coupez l'agneau en tranches fines, mélangez-les dans un saladier avec tous les ingrédients de la marinade et laissez macérer pendant 20 minutes. Avant cuisson, égouttez la viande dans une petite passoire pendant quelques instants.

2 Faites chauffer le wok ou une poêle puis versez-y l'huile. Quand celle-ci est très chaude et commence à peine à fumer, mettez l'agneau dans le wok brûlant en faisant attention aux projections. Faites sauter la viande pendant 2 minutes et versez un peu de marinade.

3 Ajoutez les oignons, l'ail, le gingembre et faites sauter le tout pendant 4 minutes. Présentez la recette dans un plat bien chaud et saupoudrez de poivre du Sichuan moulu juste avant de servir.

23 Agneau émincé épicé

Rencontres Est-Ouest
Préparation : 15 minutes
Pour 4 à 6 personnes

450 g de viande d'agneau dégraissée hachée

2 cuillerées à soupe d'huile d'arachide

6 gousses d'ail grossièrement hachées

2 cuillerées à soupe de gingembre frais finement haché

2 cuillerées à soupe de tomate concentrée

2 cuillerées à soupe de pâte de sésame (épiceries asiatiques et orientales)

1 1/2 cuillerée à soupe de sauce soja

1 cuillerée à soupe de jus de citron

1 cuillerée à soupe de sauce pimentée

2 cuillerées à café de sucre

1 cuillerée à soupe de vin blanc

2 oignons nouveaux finement hachés (la partie blanche)

Cette recette a l'originalité de combiner les styles culinaires chinois et occidentaux. Pour aller plus loin dans ce sens, n'hésitez pas à la servir avec des pâtes ou du pain. Ainsi vous pourrez préparer un repas aussi original que savoureux en moins de 30 minutes...
Vous pouvez même remplacer l'agneau par du bœuf si vous préférez. La pâte de sésame est une crème riche, épaisse et colorée, préparée avec des graines de sésame torréfiées. Attention, ne la confondez pas avec le tahini oriental qui est tout autre chose. Le cas échéant, si vous ne la trouvez pas, remplacez la pâte de sésame par du beurre de cacahuète.

1 Chauffez le wok à feu très vif, versez l'huile, puis faites sauter l'agneau haché un moment. Ajoutez l'ail, le gingembre et cuisez encore pendant 2 minutes.

2 Incorporez la tomate, la pâte de sésame, la sauce soja, le jus de citron, la sauce pimentée, le sucre et le vin blanc (pour gagner du temps, mesurez tous ces ingrédients à l'avance, mélangez-les dans un bol et versez-les en une fois dans le wok). Faites cuire pendant 4 minutes en remuant souvent, saupoudrez d'oignons hachés et servez sans attendre.

24 Poulet sauté à l'ail et au concombre

Repas frais et léger	
Préparation : 30 minutes	
Pour 4 personnes	

2 concombres

2 cuillerées à café de sel

1 cuillerée à soupe d'huile

450 g de filets de poulet sans peau coupés en cubes de 2,5 cm de section environ

4 gousses d'ail finement hachées

1 cuillerée à soupe d'oignons nouveaux hachés

1 cuillerée à soupe de sauce soja

1 cuillerée à soupe de vin blanc

2 cuillerées à café de sauce pimentée chinoise

2 cuillerées à café d'huile de sésame

Il est rare que l'on serve les concombres crus en Chine. Cuits, ils sont très appréciés et vraiment délicieux. Dans cette recette, ils sont délicatement sautés avec le poulet, l'ail et la sauce pimentée.

1 Pelez les concombres, coupez-les dans la longueur, éliminez tous les pépins avec une petite cuillère. Coupez-les en cubes d'environ 2,5 cm de côté, mélangez-les avec le sel et laissez-les s'égoutter pendant 20 minutes. Cette opération élimine une bonne partie de l'eau des concombres. Rincez-les ensuite puis épongez-les dans du papier absorbant.

2 Chauffez le wok à feu très vif, versez l'huile puis faites sauter le poulet un court moment.

3 Ajoutez tous les autres ingrédients de la recette sauf le concombre et faites sauter à feu vif pendant 2 minutes. Incorporez enfin les concombres, laissez cuire 3 autres minutes et servez aussitôt.

25 Poulet sauté au citron

Grand classique chinois
Préparation : 30 minutes
Pour 4 personnes

450 g de filets de poulet sans peau

30 cl d'huile d'arachide ou d'eau

2 cuillerées à soupe d'oignons hachés

POUR LA MARINADE :

1 blanc d'œuf

1 cuillerée à café de sel

1 cuillerée d'huile de sésame

1 cuillerée à café de Maïzena

POUR LA SAUCE :

6,5 cl de bouillon de volaille *(voir page 134)* ou d'eau

2 cuillerées à soupe de jus de citron

1 cuillerée à soupe de sucre

1 cuillerée à soupe de sauce soja

1 1/2 cuillerée à soupe de vin blanc

1 cuillerée à soupe d'ail haché

2 petits piments secs coupés en deux dans la longueur

1 cuillerée à café de Maïzena mélangée avec 1 cuillerée à soupe d'eau froide

2 cuillerées à café d'huile de sésame

Les Chinois du Sud du pays sont passés maîtres dans l'accommodement du poulet qu'ils cuisinent souvent avec du citron. À l'inverse de beaucoup de recettes qui sont souvent très sucrées, celle que je vous propose ici est assez équilibrée : douce, avec une petite pointe d'amertume très agréable. Le poulet au citron se prépare parfois à la vapeur mais franchement, le cuisiner au wok, bien sauté, c'est encore mieux ! Le « truc » consiste à envelopper la viande de blanc d'œuf et de Maïzena. À servir avec un riz blanc nature *(voir page 135)*.

1 Coupez le poulet en tranches fines de 7,5 cm de long environ. Mélangez-les avec tous les ingrédients de la marinade, placez au réfrigérateur et laissez macérer pendant 20 minutes.

2 Si vous utilisez l'huile pour cuire la viande, faites chauffer le wok ou la poêle à feu vif puis versez-la en totalité. Lorsqu'elle est très chaude, sortez le wok du feu et ajoutez le poulet mariné. Mélangez bien pour éviter que la viande n'accroche. Après 2 minutes de cuisson, égouttez la volaille dans une passoire puis débarrassez-vous de l'huile.

3 Si, au contraire, vous utilisez de l'eau au lieu de l'huile, portez celle-ci à ébullition dans une casserole. Plongez la viande dans le liquide en ébullition, retirez du feu et laissez cuire ainsi pendant 2 minutes. Égouttez ensuite la viande cuite dans une passoire et éliminez l'eau de cuisson.

4 Faites chauffer le wok ou la poêle à feu vif, versez le bouillon de volaille, le jus de citron, le sucre, la sauce soja, le vin blanc, l'ail et les piments. Portez cette préparation à ébullition, versez le mélange Maïzena/eau dans la sauce et laissez cuire pendant 1 minute. Ajoutez le poulet cuit et mélangez bien avec une cuillère en bois. Incorporez enfin l'huile de sésame. Présentez le poulet au citron dans un plat bien chaud et, au dernier moment, saupoudrez avec les oignons nouveaux hachés.

26 Poulet sauté aux poivrons grillés

Rencontres Est-Ouest
Préparation : 40 minutes
Pour 4 personnes

4 poivrons rouges, jaunes et verts si possible

2 cuillerées à soupe d'huile d'olive vierge

450 g de filets de poulet sans peau

30 cl d'huile d'arachide ou d'eau

1 cuillerée à soupe d'huile d'arachide

2 cuillerées à soupe d'ail haché

15 cl de bouillon de volaille *(voir page 134)*

2 cuillerées à café de sauce pimentée chinoise

2 cuillerées à café de sucre

1 1/2 cuillerée à soupe de vin blanc

1 cuillerée à soupe de sauce soja

1 cuillerée à café de Maïzena mélangée à 1 cuillerée à soupe d'eau froide

POUR LA MARINADE :

1 blanc d'œuf

1 cuillerée à café de sel

2 cuillerées à café de Maïzena

Quand j'étais étudiant dans le Midi de la France, j'ai découvert la saveur inimitable des poivrons grillés. Cuits directement à la flamme, au four ou au barbecue, ils prennent un goût doux et légèrement fumé succulent. À servir avec un bon riz blanc nature *(voir page 135)*.

1 À l'aide de pinces métalliques, mettez les poivrons directement aux flammes d'un foyer ou d'un barbecue pour les faire noircir complètement (ou au four en position « gril »). Lorsqu'ils sont bien noirs, mettez-les dans une poche en plastique et fermez-la hermétiquement. Une fois refroidis, sortez les poivrons et pelez-les avec un petit couteau. Éliminez les pépins, coupez les chairs en lanières pas trop grosses, mettez-les dans un bol, arrosez d'huile d'olive et réservez.

2 Coupez la viande en cubes d'environ 2,5 cm de côté. Mélangez-les avec tous les ingrédients de la marinade, mettez au réfrigérateur et laissez macérer pendant 20 minutes.

3 Si vous utilisez l'huile pour cuire la viande, faites chauffer le wok ou la poêle à feu vif puis versez-la en totalité. Lorsqu'elle est très chaude, sortez le wok du feu et ajoutez le poulet mariné. Attention aux projections. Mélangez bien pour éviter que la viande n'accroche au fond. Après 2 minutes de cuisson, égouttez la volaille dans une passoire puis jetez l'huile.

4 Si vous utilisez de l'eau, à la place de l'huile, portez-la à ébullition. Plongez la viande dans le liquide en ébullition, retirez du feu et laissez cuire ainsi pendant 2 minutes. Égouttez ensuite la viande cuite et éliminez l'eau de cuisson.

5 Faites chauffer le wok ou la poêle à feu vif, versez la cuillerée d'huile d'arachide. Faites sauter et dorer l'ail.

6 Versez le bouillon, la sauce pimentée, le sucre, le vin blanc et la sauce soja. Laissez cuire 2 minutes, ajoutez la Maïzena, et faites bouillir quelques secondes.

7 Incorporez le poulet cuit et les lanières de poivrons. Faites bien réchauffer pendant 2 minutes et servez sans attendre.

27 Poulet sauté à la menthe

Repas frais et léger
Préparation : 30 minutes
Pour 4 personnes

450 g de filets de poulet sans peau

30 cl d'huile d'arachide ou d'eau

1 cuillerée à soupe d'huile d'arachide

2 poivrons coupés en cubes de 2,5 cm de côté

1 cuillerée à soupe d'ail émincé

15 cl de bouillon de volaille ***(voir page 134)***

1 1/2 cuillerée à soupe de curry Madras en pâte ou en poudre

2 cuillerées à café de sauce pimentée chinoise

2 cuillerées à café de sucre

1 1/2 cuillerée à soupe de vin blanc

1 cuillerée à soupe de sauce soja

1 cuillerée à café de maïzena mélangée à 1 cuillerée à soupe d'eau froide

8 feuilles de menthe

POUR LA MARINADE :

1 blanc d'œuf

1 cuillerée à café de sel

2 cuillerées à café de Maïzena

Voici maintenant une recette épicée et délicieusement équilibrée grâce aux feuilles de menthe. Si, en plus, vous pouvez utiliser la menthe de votre jardin, le résultat sera encore plus raffiné. En fait, cette herbe est sans doute celle qui est la plus universellement employée ; on peut d'ailleurs la trouver très facilement dans le commerce ou sur les marchés. Le curry, ajouté et combiné à la sauce pimentée, donne un véritable « coup de fouet » à l'ensemble. La marinade permet au poulet de conserver à cœur toute sa saveur. Vous pouvez le cuire à l'huile ou à l'eau. Les poivrons apporteront un côté croquant qui mettra particulièrement bien en valeur la consistance moelleuse de la viande. Servez cette recette avec du riz blanc nature *(voir page 135)* et une salade.

1 Coupez la viande en cubes d'environ 2,5 cm de côté. Mélangez-les avec tous les ingrédients de la marinade, mettez au réfrigérateur et laissez macérer pendant 20 minutes.

2 Si vous utilisez l'huile pour cuire la viande, faites chauffer le wok ou la poêle à feu vif puis versez-la en totalité. Lorsqu'elle est très chaude, sortez le wok du feu et ajoutez le poulet mariné. Attention aux projections. Mélangez bien pour éviter que la viande n'accroche au fond. Après 2 minutes de cuisson, égouttez la volaille dans une passoire puis jetez l'huile.

3 Si, au contraire, vous utilisez de l'eau au lieu de l'huile, portez celle-ci à ébullition dans une casserole. Plongez la viande dans le liquide en ébullition, retirez du feu et laissez cuire ainsi pendant 2 minutes. Égouttez ensuite la viande cuite dans une passoire et éliminez l'eau de cuisson.

4 Faites chauffer le wok ou la poêle à feu vif, versez la cuillerée d'huile d'arachide. Faites sauter pendant 2 minutes les poivrons et l'ail.

5 Ajoutez tous les autres ingrédients sauf la Maïzena et les feuilles de menthe puis laissez cuire pendant 2 minutes. Ajoutez la Maïzena, faites bouillir pendant 20 secondes, puis le poulet cuit et, en mélangeant, faites encore cuire pendant 2 minutes.

6 Incorporez enfin les feuilles de menthe, mélangez et servez sur un plat bien chaud.

28 Poulet sauté aux noix

Repas sans façons
Préparation : 30 minutes
Pour 4 personnes

450 g de filets de poulet sans peau

75 g de cerneaux de noix

30 cl d'huile d'arachide ou d'eau

1 cuillerée à soupe d'huile d'arachide

2 cuillerées à café d'ail haché finement

1 cuillerée à café de gingembre finement haché

2 cuillerées à soupe d'oignons nouveaux finement hachés

2 cuillerées à soupe de vin blanc

1 1/2 cuillerée à soupe de sauce soja

POUR LA MARINADE :

1 blanc d'œuf

1 cuillerée à café de sel

2 cuillerées à café de Maïzena

Dans cette recette, tout tient au contraste entre le croquant des noix et le moelleux/fondant du poulet. Si vous n'avez pas de noix, utilisez des amandes, des noisettes ou des pignons de pin mais ne prenez que des fruits secs très frais. S'ils sont trop vieux, ils risquent d'être rances et de ruiner totalement tous vos efforts culinaires.

1 Coupez la viande en cubes d'environ 2,5 cm de côté. Mélangez-les avec tous les ingrédients de la marinade, mettez au réfrigérateur et laissez macérer pendant 20 minutes.

2 Plongez les noix dans une casserole d'eau bouillante pendant 5 minutes puis égouttez-les.

3 Si vous utilisez l'huile pour cuire la viande, faites chauffer le wok ou la poêle à feu vif puis versez-la en totalité. Lorsqu'elle est très chaude, sortez le wok du feu et ajoutez le poulet mariné. Attention aux projections. Mélangez bien pour éviter que la viande n'accroche au fond. Après 2 minutes de cuisson, égouttez la volaille dans une passoire puis jetez l'huile.

4 Si, au contraire, vous utilisez de l'eau au lieu de l'huile, portez celle-ci à ébullition dans une casserole. Plongez la viande dans le liquide en ébullition, retirez du feu et laissez cuire ainsi pendant 2 minutes. Égouttez ensuite la viande cuite dans une passoire et éliminez l'eau de cuisson.

5 Faites chauffer le wok ou la poêle à feu vif, versez la cuillerée d'huile d'arachide et faites sauter les noix pendant 1 minute puis mettez-les de côté dans une assiette.

6 Ajoutez l'ail, le gingembre, les oignons et mélangez bien. Incorporez les noix, le vin et la sauce soja, le poulet cuit et faites sauter le tout pendant 2 minutes, toujours à feu vif. Servez très chaud.

29 Émincé de poulet aux graines de sésame

Repas piquant brûlant !
Préparation : 30 minutes
Pour 3 à 4 personnes

450 g de filets de poulet sans peau

30 cl d'huile d'arachide ou d'eau

1 cuillerée à soupe d'huile d'arachide

1 cuillerée à soupe de graines de sésame

POUR LA MARINADE :

1 blanc d'œuf

1 cuillerée à café de sel

2 cuillerées à café de Maïzena

POUR LA SAUCE :

2 cuillerées à soupe de sauce soja

2 cuillerées à soupe de vinaigre de cidre

2 cuillerées à café de sauce pimentée chinoise

2 cuillerées à café d'huile de sésame

2 cuillerées à café de sucre

1 cuillerée à soupe de vin blanc

1 cuillerée à café de poivre du Sichuan grillé *(voir page 140)*

1 1/2 cuillerée à soupe d'oignons finement hachés

Voici ma version d'un plat du Sichuan au nom inimitable de « Poulet aux saveurs étranges » ! Il faut dire que de très nombreux ingrédients rentrent dans sa composition et que les saveurs piquantes, douces, acides et épicées s'y livrent une furieuse compétition. Cette recette est aussi bonne chaude que froide. Personnellement, je la laisse refroidir puis la sers à température ambiante. Vous apprécierez sans doute le côté croquant des graines de sésame qui contraste bien avec la tendresse d'un poulet moelleux.

1 Coupez le poulet en lanières de 7,5 cm de long. Mélangez-les avec tous les ingrédients de la marinade, mettez au réfrigérateur et laissez macérer pendant 20 minutes.

2 Si vous utilisez l'huile pour cuire la viande, faites chauffer le wok ou la poêle à feu vif puis versez-la en totalité. Lorsqu'elle est très chaude, sortez le wok du feu et ajoutez le poulet mariné. Attention aux projections. Mélangez bien pour éviter que la viande n'accroche au fond. Après 2 minutes de cuisson, égouttez la volaille dans une passoire puis jetez l'huile.

3 Si, au contraire, vous utilisez de l'eau au lieu de l'huile, portez celle-ci à ébullition dans une casserole. Plongez la viande dans le liquide en ébullition, retirez du feu et laissez cuire ainsi pendant 2 minutes environ. Égouttez ensuite la viande cuite dans une passoire et éliminez l'eau de cuisson.

4 Faites chauffer le wok ou la poêle à feu vif, versez la cuillerée d'huile d'arachide et faites frire et colorer les graines de sésame pendant 30 secondes environ.

5 Ajoutez tous les ingrédients de la sauce et portez à ébullition. Incorporez le poulet cuit, mélangez et faites cuire pendant 2 minutes. Servez aussitôt ou laissez refroidir à votre goût.

30 Poulet sauté au brocoli

Repas sans façons	
Préparation : 50 minutes	
Pour 4 personnes	

2 têtes de brocoli

450 g de cuisses de poulet sans peau et désossées

Maïzena pour fariner

40 cl d'huile d'arachide plus 1 cuillerée à soupe

3 cuillerées à soupe d'ail grossièrement haché

1 oignon nouveau coupé en quatre

2 cuillerées à soupe de vin blanc

3 cuillerées à soupe de bouillon de volaille *(voir page 134)*

2 tomates coupées en quartiers

3 cuillerées à soupe de sauce d'huître

2 cuillerées à soupe de nuoc mam

1 cuillerée à café de sucre

1 cuillerée à café de sel

1/2 cuillerée à café de poivre noir fraîchement moulu

2 cuillerées à café d'huile de sésame

POUR LA MARINADE :

1/2 cuillerée à café de poivre noir fraîchement moulu

1 cuillerée à soupe de nuoc mam

1 cuillerée à soupe de sauce soja

Les brocolis et le poulet se cuisinent très bien ensemble. Dans cette recette d'inspiration vietnamienne, le poulet est d'abord mariné, puis frit et seulement ensuite sauté avec les brocolis. Au Vietnam, on utilise une variété asiatique du brocoli, qui est assez amère et croquante. En Europe, ce légume est plus tendre et surtout plus sucré. La viande de cuisse de poulet possède une saveur marquée et ne se ramollit pas à la cuisson. À servir avec du riz blanc nature *(voir page 135)* et des légumes sautés.

1 Détaillez les têtes de brocoli en petits bouquets et pelez leurs tiges sans les couper ou les éliminer. Cuisez-les pendant 2 minutes dans un grand volume d'eau salée bouillante puis refroidissez-les à l'eau froide et égouttez-les.

2 Coupez le poulet en lanières de 7,5 cm de long. Mélangez-les avec tous les ingrédients de la marinade, placez au réfrigérateur et laissez macérer pendant 20 minutes. Une fois macérés, farinez chaque morceau de viande avec la Maïzena.

3 Faites chauffer l'huile dans un wok ou une poêle à feu vif. Quand celle-ci commence à peine à fumer, faites frire la volaille pendant 8 minutes environ. Les morceaux doivent être bien dorés. Égouttez-les avec une écumoire et épongez-les délicatement dans du papier absorbant. Vous aurez sans doute besoin de les cuire en deux fois. Éliminez l'huile.

4 Essuyez le wok (ou la poêle), versez la cuillerée d'huile et faites chauffer à feu vif. Commencez par faire revenir l'ail et l'oignon pendant 1 minute. Ajoutez les brocolis blanchis et cuisez-les une minute de plus. Versez le vin blanc et le bouillon. Portez à ébullition et laissez cuire pendant 4 minutes environ.

5 Incorporez les tomates, la sauce d'huître, le sucre, le sel, le poivre et l'huile de sésame. Mélangez et faites cuire pendant 30 secondes. Finissez la recette en ajoutant le poulet cuit. Laissez-les réchauffer pendant 2 bonnes minutes. Présentez votre poulet au brocoli dans un plat bien chaud et servez sans attendre.

31 Poulet sauté thaï au gingembre

Vite fait, bien fait
Préparation : 45 minutes
Pour 4 personnes

450 g de cuisses de poulet sans peau et désossées

1 cuillerée à soupe de champignons noirs (chinois) parfumés

1 cuillerée à soupe d'huile d'arachide

1 oignon coupé en 8 quartiers

2 cuillerées à soupe d'ail grossièrement haché

4 cuillerées à soupe de gingembre finement coupé en bâtonnets

2 cuillerées à café de sucre

1 cuillerée à café de sel

2 cuillerées à soupe de vin blanc

3 cuillerées à soupe d'oignons nouveaux finement hachés

POUR LA MARINADE :

3 cuil. à café de sauce soja

1 cuillerée à soupe de vin blanc

1/2 cuillerée à café de sel

1/2 cuillerée à café de poivre noir fraîchement moulu

1 cuillerée à café d'huile de sésame

2 cuillerées à café de Maïzena

Cette recette est au carrefour des styles thaïlandais et chinois. Contrairement à une idée reçue, les plats thaïlandais ne sont pas tous très épicés. En effet, beaucoup de Thaïlandais ont des racines, des ancêtres venus de la Chine du sud qui ont apporté avec eux leur cuisine pleine de nuances et de subtilités, où le piment est relativement rare, et ces origines influencent une bonne partie de leurs recettes. Servez ce poulet avec du riz blanc nature (*voir page* 135).

1 Coupez le poulet en morceaux de 5 cm de côté environ et mettez-les dans un saladier. Mélangez la viande avec les ingrédients de la marinade. Laissez macérer au réfrigérateur pendant 30 minutes. Égouttez ensuite la viande et éliminez le jus qui s'écoule naturellement.

2 Faites tremper les champignons noirs dans de l'eau chaude pendant 30 minutes environ. Rincez-les, éliminez les racines si elles sont dures puis coupez-les finement.

3 Faites chauffer un wok ou une poêle à feu très vif et versez l'huile d'arachide dedans. Lorsqu'elle commence à peine à fumer, faites sauter le poulet pendant 5 minutes environ puis mettez-le dans une passoire.

4 Dans le wok ou la poêle toujours très chaude, faites revenir les quartiers d'oignon, l'ail, le gingembre et les champignons pendant 1 minute. Ajoutez alors le sucre, le sel et poursuivez la cuisson pendant 30 secondes.

5 Incorporez le poulet cuit, faites sauter pendant 4 minutes. Versez le vin, cuisez encore 2 minutes, le temps que le poulet soit bien cuit. Saupoudrez d'oignons nouveaux hachés et servez.

32 Poulet sauté à la sauce de haricots noirs

Grand classique chinois	
Préparation : 15 minutes	
Pour 4 personnes	

450 g de filets de poulet sans peau

1 cuillerée à soupe de sauce soja

1 1/2 cuillerée à soupe de vin blanc

1/2 cuillerée à café de sel

1 cuillerée à café de sucre

1 cuillerée à café d'huile de sésame

2 cuillerées à café de Maïzena

2 cuillerées à soupe d'huile d'arachide

1 cuillerée à soupe de gingembre grossièrement haché

1 1/2 cuillerée à soupe d'ail grossièrement haché

2 cuillerées à soupe d'échalotes finement hachées

3 1/2 cuillerées à soupe d'oignons nouveaux grossièrement hachés

2 1/2 cuillerées à soupe de haricots noirs salés fermentés grossièrement hachés (en épicerie asiatique)

15 cl de bouillon de volaille ***(voir page 134)***

Voici le plat par lequel la plupart des grands amateurs de cuisine chinoise ont découvert la gastronomie asiatique. La saveur des haricots noirs fermentés associée à celles de l'ail et du gingembre forme un mariage absolument irrésistible ! Sachez que cette recette peut être préparée à l'avance, réchauffée et même servie froide.

1 Coupez le poulet en morceaux de 5 cm de côté environ et mettez-les dans un saladier. Mélangez la viande avec la sauce soja, le vin blanc, le sel, le sucre, l'huile de sésame et la Maïzena.

2 Faites chauffer un wok ou un poêle à feu très vif et versez l'huile d'arachide dedans. Lorsqu'elle commence à peine à fumer, faites sauter le poulet pendant 2 minutes.

3 Ajoutez le gingembre, l'ail, les échalotes, 1 1/2 cuillerée à soupe d'oignons, les haricots et faites sauter à feu vif pendant 2 minutes.

4 Versez le bouillon, portez à ébullition et réduisez l'intensité du feu. Couvrez et laissez cuire pendant 3 minutes. Ajoutez les oignons restants et servez.

33 Poulet sauté à l'orange et au citron

Repas frais et léger
Préparation : 20 minutes
Pour 2 à 4 personnes

450 g de filets de poulet sans peau

1 cuillerée à soupe d'huile d'arachide

1 cuillerée à café de sel

2 cuillerées à soupe de zeste d'orange râpé

2 cuillerées à soupe de zeste de citron râpé

Du poivre blanc fraîchement moulu

2 cuillerées à café d'huile de sésame

3 cuillerées à soupe de coriandre hachée

POUR LA MARINADE :

2 cuillerées à café de sauce soja

1 cuillerée à café de vin blanc

1 cuillerée à café de Maïzena

Rien n'est plus simple ou plus rapide à faire que cette recette. Avec les zestes d'orange et de citron, le poulet prend une saveur vraiment nouvelle. Difficile de trouver mieux à cuisiner en aussi peu de temps…

1 Coupez le poulet en morceaux de 2,5 cm de côté environ et mettez-les dans un saladier. Mélangez-les avec les ingrédients de la marinade et laissez macérer au réfrigérateur pendant 15 minutes environ.

2 Faites chauffer un wok à feu très vif et versez l'huile d'arachide dedans. Lorsqu'elle commence juste à fumer, faites sauter le poulet pendant 4 minutes avec le sel, tous les zestes et un peu de poivre.

3 Versez l'huile de sésame, mélangez, poursuivez la cuisson pendant 3 minutes. Finissez la recette en incorporant la coriandre et servez aussitôt.

34 Poulet aux piments et au basilic

Vite fait, bien fait
Préparation : 10 minutes
Pour 4 personnes

2 cuillerées à soupe d'huile d'arachide

450 g de cuisses de poulet désossées, sans peau et coupées en morceaux de 2,5 cm de côté

3 cuillerées à soupe d'échalotes émincées

3 cuillerées à soupe d'ail haché

3 piments rouges ou verts, épépinés et coupés en fines lamelles.

2 cuillerées à soupe de nuoc mam

2 cuillerées à café de sauce soja

2 cuillerées à café de sucre

Les feuilles propres d'une belle botte de basilic

Cette recette traditionnelle nommée « gai phad bai krapao » est vraiment facile à faire. Vous pouvez la préparer avec du basilic thaïlandais (en épicerie asiatique) dont la saveur unique est à découvrir si vous ne la connaissez pas. Mais dans tous les cas, une simple botte de basilic du marché conviendra aussi bien.

1 Faites chauffer un wok ou une poêle à feu très vif puis versez l'huile d'arachide. Lorsque celle-ci est brûlante, commencez par faire sauter le poulet pendant 8 minutes pour le colorer complètement. Égouttez-le dans une passoire au terme de la cuisson.

2 Dans le wok toujours très chaud, faites revenir les échalotes et l'ail pendant 3 minutes environ.

3 Ajoutez les morceaux de poulet cuits, les piments, le nuoc mam, la sauce soja et le sucre. Faites sauter pendant 4 minutes environ, le temps que la viande cuise bien. Incorporez enfin les feuilles de basilic, mélangez et servez aussitôt.

35 Poulet fumé

Repas frais et léger	
Préparation : 15 minutes	
Pour 4 à 6 personnes	

675 g de poulet ou de canard fumé

2 cuillerées à soupe d'huile d'arachide

3 cuillerées à soupe d'ail haché

1 cuillerée à soupe de gingembre frais haché

450 g de chou chinois grossièrement haché

1 cuillerée à soupe de sauce soja

1 cuillerée à soupe de vin blanc

Le poulet ou le canard fumé sont très appréciés en Chine. Mais fumer de la viande demande beaucoup de temps dont on ne dispose pas. Il faut donc se procurer le poulet ou le canard déjà fumé dans les grandes épiceries asiatiques qui sont les seuls endroits où vous pourrez en trouver. Servez ce plat avec du riz blanc nature *(voir page* 135) et une salade.

1 Avec les doigts, désossez complètement la volaille puis coupez les chairs en gros morceaux. Mettez de côté dans une assiette.

2 Faites chauffer un wok ou une poêle à feu très vif puis versez l'huile d'arachide. Lorsque celle-ci est brûlante, commencez par faire revenir l'ail et le gingembre. Ajoutez ensuite le chou chinois et faites sauter pendant 5 minutes.

3 Versez la sauce soja, le vin blanc et laissez cuire encore 1 minute. Incorporez enfin la viande, faites réchauffer pendant 2 minutes en mélangeant puis servez sans attendre.

36 Foies de volailles aux oignons

Repas sans façons	
Préparation : 15 minutes	
Pour 2 à 4 personnes	

450 g de foies de volaille

5 cuillerées à soupe de vin blanc

1 cuillerée à soupe de sauce soja

1/2 cuillerée à café de cinq-épices

1 cuillerée à café de sel

1/2 cuillerée à café de poivre noir fraîchement moulu

1 cuillerée à soupe de Maïzena

5 cuillerées à soupe d'huile d'arachide

Les foies de volailles font partie des produits les plus faciles à cuisiner. Toute l'astuce consiste ici à les assaisonner de manière originale pour leur donner un nouvel attrait. Avec les oignons et le cinq-épices, les foies prennent une saveur vraiment délicieuse ! Servez cette recette en plat principal avec du riz blanc nature et des légumes sautés. Vous pouvez aussi prendre du foie de veau mais il faut d'abord le détailler en tranches d'environ 1 cm d'épaisseur.

1 Mélangez les foies de volaille avec le vin blanc, la sauce soja, le cinq-épices, la moitié du sel, le poivre et la Maïzena. Mélangez bien.

2 Faites chauffer un wok ou une poêle à feu très vif puis versez la moitié de l'huile d'arachide. Lorsque celle-ci est brûlante, faites sauter les foies pendant 4 minutes environ. Idéalement, ils doivent être bien dorés à l'extérieur et rester rosés à l'intérieur. Sortez les foies du wok.

(voir page suivante)

2 oignons coupés en tranches fines

2 cuillerées à café d'huile de sésame

3 Essuyez le wok, versez le reste de l'huile et faites chauffer à feu vif. Ajoutez le reste du sel, les oignons. Faites sauter pendant 4 minutes. Incorporez les foies de volaille et mélangez bien avec l'huile de sésame. Laissez réchauffer pendant 2 minutes puis servez aussitôt.

37 Poulet au cinq-épices

Repas piquant brûlant !
Préparation : 25 minutes
Pour 2 à 4 personnes

450 g de filet de poulet sans peau

1 cuillerée à soupe d'huile d'arachide

1 cuillerée à café de sel

2 cuillerées à soupe de piment rouge finement haché

2 cuillerées à café de cinq-épices

Poivre blanc fraîchement moulu

2 cuillerées à café d'huile de sésame

3 cuillerées à soupe d'oignons nouveaux hachés

POUR LA MARINADE :

2 cuillerées à café de sauce soja

1 cuillerée à café de vin blanc

1 cuillerée à café de Maïzena

Le cinq-épices est un mélange d'épices traditionnelles qui mêle l'anis étoilé, le poivre du Sichuan, le fenouil, le clou de girofle et la cannelle. Cette composition est délicieuse dans toutes les recettes sautées auxquelles elle donne une note douce, épicée et harmonieuse.

1 Coupez le poulet en morceaux de 2,5 cm de côté environ et mettez-les dans un saladier. Mélangez-les avec les ingrédients de la marinade et laissez macérer au réfrigérateur pendant 15 minutes environ.

2 Faites chauffer un wok ou une poêle à feu très vif puis versez l'huile d'arachide. Lorsque celle-ci est brûlante, faites sauter le poulet avec le sel, les piments, le cinq-épices et un peu de poivre pendant 4 minutes environ.

3 Incorporez l'huile de sésame, mélangez et poursuivez la cuisson pendant encore 3 minutes. Ajoutez enfin les oignons, mélangez et servez aussitôt.

38 Poulet sauté aux champignons chinois et champignons de Paris

Vite fait, bien fait
Préparation : 40 minutes
Pour 4 personnes

450 g de viande de cuisse désossée et sans peau ou 900 g de cuisse de poulet

4 champignons chinois (noirs) parfumés

350 g de petits champignons de Paris

1 1/2 cuillerée d'huile d'arachide

1 oignon pelé et finement coupé

2 cuillerées à soupe d'ail grossièrement haché

2 cuillerées à café de sel

1/2 cuillerée à café de poivre noir fraîchement moulu

2 cuillerées à café de zestes d'orange râpée

2 cuillerées à soupe de vin blanc

3 cuillerées à soupe de sauce d'huître

2 cuillerées à café de sucre

Les feuilles lavées d'une belle botte de basilic

POUR LA MARINADE :

2 cuillerées à café de sauce soja

2 cuillerées à café de vin blanc

1 cuillerée à café d'huile de sésame

2 cuillerées à café de Maïzena

Dans cette recette, je cuisine le poulet avec deux sortes de champignons. Leurs goûts et textures différents donnent au plat toute son originalité. Dans la mesure du possible, prenez des champignons de Paris de toute petite taille : ils sont bien plus savoureux.

1 Éliminez la peau des cuisses de poulet et désossez-les. Vous pouvez aussi demander au boucher d'exécuter cette tâche. Coupez ensuite les chairs en morceaux d'environ 2,5 cm de côté puis mélangez-les avec tous les ingrédients de la marinade. Laissez macérer ainsi à température ambiante pendant 20 minutes.

2 Pendant ce temps, faites tremper les champignons chinois dans l'eau chaude pendant 20 minutes. Égouttez-les, pressez-les entre vos mains, coupez et éliminez les queues, puis coupez-les en plusieurs tranches fines.

3 Faites chauffer un wok ou une poêle à feu très vif puis versez l'huile d'arachide. Lorsque celle-ci est brûlante, faites sauter le poulet pendant 5 minutes environ puis égouttez-les dans une passoire.

4 Dans le wok toujours brûlant, faites revenir rapidement l'oignon, l'ail puis ajoutez le sel, le poivre, tous les champignons et faites sauter le tout pendant 1 minute.

5 Ajoutez le poulet cuit, les zestes d'orange et le vin blanc puis faites cuire pendant 4 minutes, le temps que presque tout le jus s'évapore. Finissez avec la sauce d'huître, le sucre et les feuilles de basilic. Mélangez bien, faites réchauffer une bonne minute à feu vif et servez sans attendre.

39 Poulet sauté à la vietnamienne à la citronnelle

Repas frais et léger	
Préparation : 1 h 20	
Pour 4 personnes	

450 g de viande de cuisse désossée et sans peau ou 900 g de cuisse de poulet

1 cuillerée à soupe d'huile d'arachide

3 oignons coupés en fines tranches

6 gousses d'ail écrasées

1 cuillerée à soupe de gingembre frais haché

2 piments rouges et verts épépinés et grossièrement hachés

2 cuillerées à café de sucre

100 g de cacahuètes grillées

1 cuillerée à soupe de nuoc mam

POUR LA MARINADE :

5 tiges de citronnelle

1 cuillerée à café de sel

1/2 cuillerée à café de poivre noir

3 cuillerées à soupe d'oignons nouveaux hachés

La citronnelle (*Cymbogopon citratus*) est un végétal natif de la région du sud de l'Inde et du Sri Lanka. On en extrait une huile essentielle qui est très utilisée en parfumerie et dans l'industrie pharmaceutique. Mais c'est dans la cuisine vietnamienne qu'elle occupe une place vraiment centrale et où elle est utilisée dans presque toutes les recettes. Le plat que je vous propose ici est simple à exécuter. Je remplace le poulet entier de la recette traditionnelle par des cuisses que je trouve plus faciles à préparer.

1 Éliminez la peau et les os des cuisses de poulet ou demandez au boucher de faire ce travail pour vous. Coupez les chairs en morceaux de 2,5 cm de côté environ.

2 Pelez les tiges de citronnelle pour ne garder que leur centre, tendre et parfumé. Écrasez-les puis découpez-les en morceaux d'environ 7,5 cm de long.

3 Dans un grand saladier, mélangez le poulet coupé avec tous les ingrédients de la marinade plus la citronnelle et laissez mariner pendant au moins 45 minutes.

4 Faites chauffer un wok ou une poêle à feu très vif puis versez l'huile d'arachide. Lorsque celle-ci est brûlante, faites sauter le poulet et sa marinade pendant 5 minutes environ.

5 Ajoutez les oignons, l'ail, le gingembre et les piments. Faites revenir pendant 10 minutes. Ajoutez le sucre, les cacahuètes, le nuoc mam et faites sauter encore pendant 3 minutes environ. Mélangez bien et servez très chaud.

40 Poulet sauté à l'indonésienne aux légumes

Repas sans façons
Préparation : 35 minutes
Pour 4 à 6 personnes

1 tête de brocoli

225 g d'asperges

225 g de mini-maïs en boîte

3 cuillerées à soupe d'huile d'arachide

450 g de chair de cuisse de poulet coupée en morceaux de 2,5 cm de côté

2 cuillerées à soupe d'ail émincé

3 cuillerées à soupe d'échalotes finement émincées

2 piments rouges épépinés et coupés finement

1 cuillerée à soupe de gingembre frais haché

1 1/2 cuillerée à soupe de sauce soja

2 cuillerées à café de pâte de crevette

2 cuillerées à café de sucre

1 cuillerée à café de sel

225 g de petits champignons de Paris finement émincés

2 cuillerées à soupe de bouillon de volaille *(voir page 134)* ou d'eau

Poivre noir fraîchement moulu

Voici une recette familiale typique que j'ai maintes fois dégustée à Jakarta. Les cuisiniers indonésiens n'ont pas l'habitude de faire mariner les viandes avec du soja ou des épices comme le font leurs confrères chinois. Cependant, ils utilisent des condiments puissants comme la pâte de crevette ou les piments pour arriver à des résultats similaires, tout aussi savoureux.

1 Détaillez la tête de brocoli en petits bouquets et pelez leurs tiges sans les couper ou les éliminer. Épluchez les asperges. Cuisez ces légumes pendant 4 minutes environ dans un grand volume d'eau salée bouillante puis refroidissez-les à l'eau froide et, enfin, égouttez-les. Égouttez les mini-maïs.

2 Faites chauffer un wok ou une poêle à feu très vif puis versez l'huile d'arachide. Lorsque celle-ci est brûlante, faites sauter le poulet pendant 5 minutes environ puis égouttez-le dans une passoire.

3 Dans le wok toujours chaud, faites revenir et colorer l'ail, les échalotes, les piments et le gingembre pendant 2 minutes puis ajoutez la sauce soja, la pâte de crevette, le sucre, le sel et un peu de poivre. Laissez cuire en remuant pendant 1 minute.

4 Incorporez tous les légumes et poursuivez la cuisson pendant 3 minutes encore.

5 Finissez en ajoutant le poulet cuit et le bouillon de volaille. Couvrez, laissez réchauffer pendant 5 minutes, mélangez et servez sans attendre.

41 Poulet sauté au curry vert et aux aubergines

Vite fait, bien fait
Préparation : 15 minutes
Pour 4 personnes

450 g de chair de cuisse de poulet

1 kg d'aubergines

2 cuillerées à café de sauce soja

2 cuillerées à café de vin blanc

1 cuillerée à café d'huile de sésame

2 cuillerées à café de Maïzena

1/2 cuillerée à soupe d'huile d'arachide

3 cuillerées à soupe d'ail haché

1 cuillerées à soupe de gingembre frais haché

3 cuillerées à soupe d'oignons nouveaux hachés

2-3 cuillerées à soupe de pâte de curry vert Thaï

1 cuillerée à soupe de nuoc mam

2 cuillerées à café de sucre

Les feuilles propres d'une belle botte de basilic

En quelques années, la cuisine thaï est devenue très populaire en Europe, surtout depuis que la « fusion food », où toutes les recettes asiatiques se mélangent sans complexe, est apparue. La pâte de curry est une préparation assez longue à faire soi-même mais heureusement on peut en trouver facilement dans les supermarchés et les épiceries asiatiques. Personnellement, je trouve ces produits assez proches de ceux que l'on peut acheter en Thaïlande.
La recette que je vous livre ici est très connue en Asie et en Australie. À Sydney, presque tous les restaurants la proposent. Pour l'alléger, je fais précuire les aubergines au four plutôt que de les faire frire comme le veut la méthode traditionnelle. Vous pouvez d'ailleurs préparer la recette en avance et ne finir qu'au tout dernier moment. Servez ce poulet avec du riz blanc nature *(voir page 135)*.

1 Préchauffez le four à 200°C (thermostat 7) et faites rôtir et cuire complètement les aubergines pendant 40 minutes environ. Laissez-les refroidir puis pelez-les. Placez les chairs cuites dans une passoire et laissez-les s'égoutter pendant 30 minutes. Coupez ensuite en morceaux de la taille d'une grosse noix.

2 Coupez le poulet en morceaux de 2,5 cm environ, mettez-les dans un saladier et mélangez-les avec la sauce soja, le vin blanc, l'huile de sésame et la Maïzena.

3 Faites chauffer le wok ou une grande poêle à feu vif, versez l'huile, et quand celle-ci est brûlante, faites sauter la viande pendant 5 minutes environ puis retirez-la.

4 Dans le wok toujours très chaud, faites revenir un instant l'ail, le gingembre, les oignons puis ajoutez le poulet cuit. Laissez cuire 3 minutes, en remuant toujours, puis incorporez les aubergines et tous les ingrédients non utilisés sauf le basilic. Ajoutez-le au dernier moment en mélangeant bien. Servez chaud dans un plat légèrement creux.

42 Poulet sauté à l'ananas

Repas sans façons
Préparation : 40 minutes
Pour 4 personnes

450 g de filets de poulet sans peau

30 cl d'huile d'arachide ou d'eau

1 cuillerée à soupe d'huile d'arachide

1 cuillerée à soupe de gingembre finement haché

1 cuillerée à soupe d'ail coupé finement en tranches

1 1/2 cuillerée à soupe de vin blanc

1 cuillerée à café de sel

1 cuillerée à café d'huile de sésame

350 g d'ananas pelé et coupé en morceaux

1 cuillerée à soupe de coriandre hachée

POUR LA MARINADE :

1 blanc d'œuf

1 cuillerée à café d'huile de sésame

2 cuillerées à café de Maïzena

1 cuillerée à café de sel

1/2 cuillerée à café de poivre blanc

Pour cette recette, je me suis inspiré du remarquable procédé culinaire que les chefs Chinois pratiquent à Hong-Kong. Quelle association de parfums exotiques et appétissants ! J'ai d'ailleurs goûté plusieurs fois ce plat à Hong-Kong même, sous une forme peut-être légèrement différente. Je suis sûr que vous apprécierez la délicate acidité de l'ananas qui souligne à merveille la saveur suave des filets de poulet. Attention toutefois : l'ananas ne doit pratiquement pas cuire, il suffit juste de le réchauffer.

1 Coupez le poulet en morceaux de 2,5 cm environ. Mélangez-les avec tous les ingrédients de la marinade, mettez au réfrigérateur et laissez macérer pendant 20 minutes.

2 Si vous utilisez l'huile pour cuire la viande, faites chauffer le wok ou la poêle à feu vif puis versez-la en totalité. Lorsqu'elle est très chaude, sortez le wok du feu et ajoutez le poulet mariné. Attention aux projections. Mélangez bien pour éviter que la viande n'accroche au fond. Après 2 minutes de cuisson, égouttez la volaille dans une passoire puis jetez l'huile.

3 Si au contraire vous utilisez de l'eau au lieu de l'huile, portez celle-ci à ébullition dans une casserole. Plongez la viande dans le liquide en ébullition, retirez du feu et laissez cuire ainsi pendant 2 minutes environ. Égouttez ensuite la viande cuite dans une passoire et éliminez l'eau de cuisson.

4 Faites chauffer le wok ou la poêle à feu vif, versez la cuillerée d'huile d'arachide et commencez par faire revenir le gingembre et l'ail pendant 30 secondes environ puis versez le vin blanc, le sel, l'huile de sésame et ajoutez l'ananas. Mélangez bien et laissez chauffer pendant 2 minutes environ.

5 Ajoutez enfin le poulet, la coriandre, mélangez délicatement et servez bien chaud.

43 Canard à la thaïlandaise

Vite fait, bien fait
Préparation : 35 minutes
Pour 4 personnes

450 g de filets de canard sans peau

1 tige de citronnelle

3 cuillerées à soupe d'huile d'arachide

3 cuillerées à soupe d'échalotes coupées en tranches fines

3 cuillerées à soupe d'ail grossièrement haché

1 cuillerée à soupe de nuoc mam

1 cuillerée à café de sauce soja

2 cuillerées à café de zeste de citron vert finement râpé

2 piments (rouge ou vert) épépinés et coupés en fins bâtonnets

2 cuillerées à café de sucre

Les feuilles propres d'une belle botte de basilic

POUR LA MARINADE :

2 cuillerées à café de sauce soja

2 cuillerées à café de vin blanc

2 cuillerées à café d'huile de sésame

1/2 cuillerée à café de sel

2 cuillerées à café de Maïzena

Poivre noir fraîchement moulu

Peu de gens cuisinent le canard car, selon une idée reçue, il est difficile à réussir. Mais il n'en est rien. Pour vous faciliter la tâche, j'ai composé cette recette avec des filets découpés que l'on trouve vraiment facilement dans n'importe quelle grande surface. Ils cuisent en un instant et peuvent élargir considérablement votre répertoire culinaire si vous prenez l'habitude de les acheter. Les filets de canard sans peau sont charnus, légers car assez maigres et leur saveur marquée se marie très bien avec celle des épices thaïlandaises.

1 Détaillez les filets de canard en tranches de 4 cm de long et 1 cm d'épaisseur. Mettez la viande ainsi découpée dans un saladier et mélangez-la avec la marinade. Laissez macérer 15 petites minutes.

2 Pelez la citronnelle pour ne garder que le cœur tendre et parfumé. Coupez-le en sections de 5 cm de longueur environ.

3 Faites chauffer le wok ou la poêle sur un feu très vif. Versez l'huile. Lorsque celle-ci commence juste à fumer, ajoutez la viande et sa marinade puis faites sauter pendant 2 minutes. Sortez la volaille du wok, mettez-la dans une passoire et laissez-la s'égoutter.

4 Dans le wok toujours chaud, faites revenir la citronnelle, les échalotes et l'ail. Ajoutez ensuite le nuoc mam, la sauce soja, le zeste, les piments, le sucre et faites sauter pendant 1 minute.

5 Finissez la recette en incorporant le canard cuit et le basilic. Mélangez bien et, quand tout est bien chaud, servez sans attendre.

44 Crevettes et mangues sautées

Repas frais et léger
Préparation : 50 minutes
Pour 4 personnes

450 g de queues de crevette décortiquées décongelées

45 cl d'huile d'arachide ou d'eau

1 1/2 cuillerée à soupe d'huile d'arachide

1 1/2 cuillerée à soupe de gingembre frais finement haché

2 cuillerées à café d'ail finement haché

1 cuillerée à soupe de vin blanc

1 cuillerée à café de sel

1/2 cuillerée à café de poivre blanc fraîchement moulu

2 belles mangues dénoyautées, pelées et coupées en cubes

2 cuillerées à café d'huile de sésame

2 cuillerées à soupe d'oignons nouveaux finement hachés

POUR LA MARINADE :

1 blanc d'œuf

1 cuillerée à café de sel

1 cuillerée d'huile de sésame

2 cuillerée à café de Maïzena

1/2 cuillerée à café de poivre blanc fraîchement moulu

Voici une recette succulente qui illustre bien les évolutions actuelles de la cuisine chinoise. À Hong-Kong, les choses vont très vite et les influences culinaires de l'étranger modifient peu à peu des grands classiques que l'on aurait pu croire fondus dans le marbre ! Ici, la douceur des mangues met en valeur la délicatesse des crevettes… Un pur moment de raffinement…

1 Avec un couteau, incisez le « dos » des queues de crevettes et éliminez le petit intestin noir qui se trouve dans les chairs. Rincez et égouttez les crevettes.

2 Mélangez les crevettes avec tous les ingrédients de la marinade et laissez reposer pendant 20 minutes.

3 Si vous utilisez l'huile pour cuire les crevettes, faites chauffer le wok ou la poêle à feu vif puis versez-la en totalité. Lorsqu'elle est très chaude, sortez le wok du feu et ajoutez les crevettes marinées. Mélangez bien pour éviter qu'elles n'accrochent aux parois du wok. Après 2 minutes de cuisson, égouttez dans une passoire puis débarrassez-vous de l'huile.

4 Si, au contraire, vous utilisez de l'eau au lieu de l'huile, portez celle-ci à ébullition dans une casserole. Plongez les queues dans le liquide en ébullition, retirez du feu et laissez cuire ainsi pendant 2 minutes. Égouttez ensuite les crevettes cuites dans une passoire et éliminez l'eau de cuisson.

5 Faites chauffer le wok ou la poêle à feu vif, versez l'huile et, quand celle-ci est très chaude, faites revenir le gingembre et l'ail pendant 10 secondes.

6 Ajoutez alors les crevettes, mélangez bien puis versez le vin, le sel et le poivre, faites cuire pendant 1 minute.

7 Ajoutez les morceaux de mangue et mélangez pour les faire réchauffer. Comptez 1 minute environ puis finissez la recette en versant l'huile de sésame. Saupoudrez avec les oignons hachés et servez aussitôt.

45 Crevettes piquantes à l'indonésienne

Repas sans façons
Préparation : 25 minutes
Pour 4 personnes

450 g de queues de crevettes décortiquées décongelées

1 1/2 cuillerée à soupe d'huile d'arachide

1 oignon haché

1 cuillerée à soupe d'ail finement haché

2 cuillerées à café de gingembre frais haché

2 piments rouges épépinés et hachés

1 cuillerée à café de cumin

1 cuillerée à café de coriandre moulu

1 cuillerée à café de pâte de crevette

1 cuillerée à café de sucre

3 cuillerées à café de jus de citron

Les produits de la mer sont omniprésents dans toute la cuisine indonésienne et cette recette, issue du répertoire culinaire familial, est préparée dans d'innombrables foyers. Les crevettes cuisent très rapidement et sont parfaites pour un petit repas improvisé. À servir avec un bon riz blanc nature *(voir page 135)*.

1 Avec un couteau, incisez le « dos » des queues de crevettes et éliminez le petit intestin noir qui se trouve dans les chairs. Rincez et égouttez les crevettes.

2 Faites chauffer le wok ou la poêle à feu très vif. Versez l'huile et quand celle-ci est chaude, faites revenir les oignons, l'ail, le gingembre et les piments pendant 3 minutes.

3 Ajoutez le cumin, la coriandre, la pâte de crevette et poursuivez la cuisson pendant 1 minute. Ajoutez ensuite le sucre, les crevettes et faites sauter pendant 2 minutes.

4 Versez le jus de citron, baissez l'intensité du feu et laissez mijoter durant 4 minutes puis servez sans attendre.

46 Crevettes sautées à la persillade

Rencontres Est-Ouest
Préparation : 60 minutes
Pour 4 personnes

450 g de queues de crevettes décortiquées décongelées

45 cl d'huile d'arachide ou d'eau

1 cuillerée à soupe d'huile d'olive vierge

POUR LA MARINADE :

1 blanc d'œuf

2 cuillerées à café de Maïzena

1 cuillerée à café de sel

1 cuillerée à café d'huile de sésame

1/2 cuillerée à café de poivre blanc fraîchement moulu

POUR LA PERSILLADE :

2 cuillerée à soupe d'huile d'olive vierge

1 1/2 cuillerée à café de gingembre frais finement haché

2 cuillerées à soupe d'ail finement haché

1/2 cuillerée à café de sucre

1 cuillerée à soupe d'oignons finement hachés

1 cuillerée à soupe de coriandre hachée

3 cuillerées à soupe de persil haché

Sel et poivre noir fraîchement moulu

Ce n'est pas moi, Ken Hom, qui apprendrai à mes lecteurs français ce qu'est la persillade ! La seule chose certaine est que ce mélange d'ail et de persil haché se marie particulièrement bien avec les crevettes. Je n'ai pas pu m'empêcher d'y apporter une touche asiatique en ajoutant une petite pointe de coriandre fraîche et de gingembre haché.

1 Avec un couteau, incisez le « dos » des queues de crevettes et éliminez le petit intestin noir qui se trouve dans les chairs. Rincez et égouttez les crevettes.

2 Dans un saladier, mélangez les crevettes ainsi préparées avec tous les ingrédients de la marinade. Laissez macérer pendant 20 minutes au réfrigérateur.

3 Avec un mixeur électrique, hachez menu mais sans excès tous les ingrédients de la persillade.

4 Si vous utilisez l'huile pour cuire les crevettes, faites chauffer le wok ou la poêle à feu vif puis versez-la en totalité. Lorsqu'elle est très chaude, sortez le wok du feu et plongez les crevettes marinées dans le liquide brûlant. Mélangez bien pour éviter qu'elles n'accrochent aux parois du wok. Après 2 minutes de cuisson, égouttez dans une passoire puis débarrassez vous de l'huile.

5 Si au contraire vous utilisez de l'eau au lieu de l'huile, portez celle-ci à ébullition dans une casserole. Plongez les queues dans le liquide en ébullition, retirez du feu et laissez cuire ainsi pendant 2 minutes. Égouttez ensuite les crevettes cuites dans une passoire et éliminez l'eau de cuisson.

6 Faites chauffer le wok ou la poêle à feu vif, versez l'huile d'olive et, quand celle-ci est très chaude, faites revenir les crevettes cuites pendant 20 secondes. Ajoutez aussitôt la persillade, mélangez bien et laissez cuire quelques secondes. Servez très chaud.

47 Crevettes sautées aux œufs

Repas sans façons
Préparation : 45 minutes
Pour 4 personnes

225 g de queues de crevettes décortiquées décongelées

2 cuillerées à soupe d'huile d'arachide

3 cuillerées à soupe de fanes vertes d'oignons nouveaux hachés

Pour la marinade :

1 blanc d'œuf

1 cuillerée à café de sel

1/2 cuillerée à café de poivre blanc fraîchement moulu

1 cuillerée à café d'huile de sésame

2 cuillerées à café de Maïzena

Pour la préparation aux œufs :

6 gros œufs battus

2 cuillerées à café d'huile de sésame

3 cuillerées à café de bouillon de volaille *(voir page 134)* ou d'eau

1 cuillerée à soupe de vin blanc

1 cuillerée à café de sel

1/2 cuillerée à café de poivre noir fraîchement moulu

1 cuillerée à soupe de sauce soja

1 cuillerée à café de sucre

Aux États-Unis, cette recette est bien connue sous le nom d'« omelette Fuyung ». Légère et délicieuse, cette spécialité obtient généralement tous les suffrages et se prépare avec des ingrédients que l'on a toujours plus ou moins sous la main. C'est bien sûr avec des crevettes qu'elle est la meilleure mais vous pouvez aussi l'accommoder avec du crabe, des filets de poisson blanc ou même de la viande de porc ou de bœuf hachée.

1 Avec un couteau, incisez le « dos » des queues de crevettes et éliminez le petit intestin noir qui se trouve dans les chairs. Rincez et égouttez les crevettes.

2 Dans un saladier, mélangez les crevettes ainsi préparées avec tous les ingrédients de la marinade. Laissez macérer pendant 20 minutes au réfrigérateur.

3 Avec un fouet, mélangez tous les ingrédients de la préparation aux œufs.

4 Faites chauffer le wok ou une poêle à feu très vif puis versez la moitié de l'huile d'arachide. Quand celle-ci est très chaude, faites sauter les crevettes pendant 2 minutes puis égouttez-les dans une petite passoire.

5 Essuyez le wok, versez le reste de l'huile et, quand celle-ci est très chaude, ajoutez les œufs. Mélangez rapidement et, quand ceux-ci sont presque cuits, ajoutez les crevettes cuites. Faites sauter pendant encore une minute, finissez en ajoutant les fanes d'oignons hachées puis servez aussitôt.

48 Crevettes sautées à l'aigre-doux

Grand classique chinois
Préparation : 35 minutes
Pour 4 personnes

450 g de queues de crevettes décortiquées décongelées

2 cuillerées à soupe d'huile d'arachide

1 cuillerée à soupe d'ail haché

2 cuillerées à café de gingembre finement haché

4 oignons nouveaux coupés en longs morceaux de 4 cm environ

1 poivron rouge coupé en morceaux de 2,5 cm de section environ

225 g de châtaignes d'eau en boîte égouttées (en épicerie asiatique)

POUR LA SAUCE :

15 cl de bouillon de volaille

2 cuillerées à soupe de vin blanc

5 cuillerées à soupe de sauce soja

1 1/2 cuillerée à soupe de tomate concentrée

3 cuillerées à soupe de vinaigre de cidre

1 cuillerée à soupe de sucre

1 cuillerée à soupe de Maïzena diluée dans le double d'eau

Voici sans aucun doute une des recettes chinoises les plus connues au monde. La saveur à la fois sucrée et acide de la sauce se combine tellement bien avec la consistance croquante des crevettes ! Servie en entrée ou en plat principal, ce grand classique fait toujours l'unanimité.

1 Avec un couteau, incisez le « dos » des queues de crevettes et éliminez le petit intestin noir qui se trouve dans les chairs. Rincez, égouttez les crevettes puis épongez-les dans du papier absorbant.

2 Faites chauffer le wok ou une poêle à feu très vif. Versez l'huile et, quand celle-ci est vraiment brûlante, faites revenir ensemble l'ail, le gingembre, les oignons et les poivrons pendant 20 secondes environ. Ajoutez ensuite les crevettes et laissez cuire encore 30 secondes sans cesser de mélanger.

3 Ajoutez les châtaignes et tous les ingrédients de la sauce, portez à ébullition et laissez mijoter pendant 4 minutes en mélangeant délicatement. Servez aussitôt avec du riz blanc nature *(voir page 135)*.

49 Sauté de porc et crevettes

Vite fait, bien fait
Préparation : 55 minutes
Pour 4 personnes

225 g de queues de crevettes décortiquées décongelées

45 cl d'huile d'arachide ou d'eau

1 cuillerée à soupe d'huile d'arachide

2 cuillerées à soupe de haricots noirs salés fermentés hachés (en épicerie asiatique)

1 1/2 cuillerée à soupe de gingembre frais

2 cuillerées à café d'ail haché

450 g de porc haché

3 cuillerées à soupe de sauce soja

1 cuillerée à soupe de vin blanc

1/2 cuillerée à café de sucre

2 cuillerées à café d'huile de sésame

2 cuillerées à soupe d'oignons nouveaux hachés

Sel et poivre blanc fraîchement moulu

POUR LA MARINADE :

1 blanc d'œuf

2 cuillerées à café de Maïzena

1 cuillerée à café d'huile de sésame

Sel et poivre blanc fraîchement moulu

Les Chinois sont passés maîtres dans les associations culinaires les plus étranges… et les plus savoureuses ! Ici, je cuisine ensemble le porc avec les crevettes et le résultat est vraiment étonnant. Vous pouvez même remplacer les crevettes par des noix de coquilles Saint-Jacques fraîches.

1 Avec un couteau, incisez le « dos » des queues de crevettes et éliminez le petit intestin noir qui se trouve dans les chairs. Rincez et égouttez les crevettes. Épongez-les dans du papier absorbant.

2 Dans un saladier, mélangez les crevettes ainsi préparées avec tous les ingrédients de la marinade. Laissez macérer pendant 20 minutes au réfrigérateur.

3 Si vous utilisez l'huile pour cuire les crevettes, faites chauffer le wok ou la poêle à feu vif puis versez-la en totalité. Lorsqu'elle est très chaude, sortez le wok du feu et plongez les crevettes marinées dans le liquide brûlant. Mélangez bien pour éviter qu'elles n'accrochent aux parois du wok. Après 2 minutes de cuisson, égouttez-les dans une passoire puis débarrassez-vous de l'huile.

4 Si vous préférez utiliser de l'eau au lieu de l'huile, portez celle-ci à ébullition dans une casserole. Plongez les queues dans le liquide en ébullition, retirez du feu et laissez cuire ainsi pendant 2 minutes. Égouttez ensuite les crevettes cuites dans une passoire et éliminez l'eau de cuisson.

5 Essuyez et faites chauffer le wok ou la poêle à feu vif, versez l'huile et, quand celle-ci est brûlante, faites revenir pendant 10 secondes les haricots, le gingembre et l'ail.

6 Incorporez ensuite le porc haché et faites cuire pendant 5 minutes environ en remuant très souvent.

7 Ajoutez les crevettes cuites avec la sauce soja, le vin, du sel, du poivre et le sucre. Mélangez bien, poursuivez la cuisson encore 1 minute puis ajoutez l'huile de sésame et les oignons. Servez aussitôt dans un plat bien chaud.

50 Crevettes sautées aux piments

Repas piquant brûlant !
Préparation : 20 minutes
Pour 4 personnes

450 g de queues de crevettes décortiquées décongelées

1 cuillerée à café de sel

2 cuillerées à café de Maïzena

2 cuillerées à café d'huile de sésame

2 cuillerées à café d'huile d'arachide

2 piments rouges épépinés et grossièrement hachés

1 cuillerée à soupe de haricots noirs salés fermentés (en épicerie asiatique)

2 cuillerées à soupe d'ail haché

4 cuillerées à soupe d'oignons nouveaux hachés

3 cuillerées à soupe de vinaigre de vin

2 cuillerées à soupe de sauce soja

1 cuillerée à soupe de sucre

2 cuillerées à café de Maïzena mélangées avec 2 cuillerées à soupe d'eau

C'est en dînant avec Madhur Jaffrey et son mari au Shun Lee Palace à New York que j'ai goûté cette recette pour la première fois. C'est Madhur elle-même qui me conseilla de prendre ces crevettes aux piments. Elle était certaine que j'allais aimer cette subtile alliance entre la force des épices et la douceur des crustacés. Elle me connaissait bien ! C'est vraiment la recette idéale pour les gourmands pressés qui n'ont pas trop de temps à passer aux fourneaux. Servez-la avec du riz *(voir page 135)* ou des nouilles chinoises sautées.

1 Avec un couteau, incisez le « dos » des queues de crevettes et éliminez le petit intestin noir qui se trouve dans les chairs. Rincez et égouttez les crevettes. Épongez-les dans du papier absorbant.

2 Mélangez les crevettes avec le sel, la Maïzena et l'huile de sésame.

3 Faites chauffer le wok ou une poêle à feu très vif. Versez l'huile et, quand celle-ci est vraiment brûlante, faites sauter les crevettes pendant 1 minute puis égouttez-les avec une écumoire. Faites ensuite revenir les piments, les haricots, l'ail et les oignons pendant 20 secondes.

4 Versez enfin le vinaigre, la sauce soja et le sucre. Ajoutez aussi la Maïzena diluée puis les crevettes sautées. Mélangez, faites réchauffer pendant 2 minutes puis servez sans attendre.

51 Crevettes et coquilles Saint-Jacques à la sauce aux haricots noirs

Rencontres Est-Ouest
Préparation : 35 minutes
Pour 4 personnes

450 g de queues de crevettes décortiquées décongelées

1 1/2 cuillerée à soupe d'huile d'olive

450 g de noix de Saint-Jacques

1 1/2 cuillerée à soupe d'ail haché

1 cuillerée à soupe de gingembre haché

2 cuillerées à soupe d'échalotes finement hachées

1 cuillerée à soupe de haricots noirs fermentés salés et hachés (en épicerie asiatique)

1 cuillerée à soupe de vin blanc

1 cuillerée à soupe de sauce soja

12 cl de bouillon de volaille ***(voir page 134)***

3 tomates pelées et coupées en dés

25 g de beurre

Quelques feuilles de basilic coupées en fines lanières

Avec la mode de la « fusion food », on voit de plus en plus de recettes préparées avec des haricots noirs chinois. Ils donnent une saveur à la fois puissante et délicate très recherchée. Les haricots noirs chinois ne sont pas très connus en France mais on les trouve maintenant assez facilement dans le commerce. Dans cette recette, je fais cuire les fruits de mer avec les haricots et je donne une petite touche occidentale en toute fin de préparation avec les dés de tomate. Parfait pour recevoir des amis, ce plat se sert avec des légumes sautés et quelques gouttes d'huile d'olive parfumée à la ciboulette *(voir page 136)*.

1 Avec un couteau, incisez le « dos » des queues de crevettes et éliminez le petit intestin noir qui se trouve dans les chairs. Rincez et égouttez les crevettes. Épongez-les dans du papier absorbant.

2 Faites chauffer le wok ou une grande poêle à feu vif. Versez l'huile d'olive et, quand celle-ci est brûlante, faites sauter les noix de coquilles Saint-Jacques et les crevettes pendant 2 minutes. Égouttez ensuite les fruits de mer.

3 Dans le wok toujours très chaud, faites revenir l'ail, le gingembre et les échalotes pendant 30 secondes. Ajoutez ensuite les haricots noirs, mélangez bien puis versez le vin, la sauce soja et le bouillon. Couvrez et laissez cuire pendant 1 minute.

4 Incorporez les fruits de mer cuits dans la sauce et laissez-les cuire pendant 3 minutes. Ajoutez les dés de tomate, le beurre et mélangez bien. Servez dans un plat bien chaud et saupoudrez de basilic coupé.

52 Crevettes au gingembre

Vite fait, bien fait	
Préparation : 20 minutes	
Pour 4 personnes	

450 g de queues de crevettes décortiquées décongelées

1 cuillerée à café de sel

1 cuillerée à café de Maïzena

1 cuillerée à café d'huile de sésame

1 1/2 cuillerée à café d'huile d'arachide

3 cuillerées à soupe de gingembre finement haché

POUR LA SAUCE :

2 cuillerées à soupe de vin blanc

1 cuillerée à soupe de sauce soja

1 cuillerée à soupe d'eau

1/2 cuillerée à café de sel

1 cuillerée à café de sucre

2 cuillerées à soupe de coriandre finement hachée

2 cuillerées à café d'huile de sésame

Voici encore une de mes petites recettes vraiment faciles à faire. Ici, les crevettes sont délicieusement accompagnées d'une sauce au gingembre frais. Aussi beau que bon, ce plat se sert en plat principal avec du riz ou en entrée, selon votre appétit.

1 Avec un couteau, incisez le « dos » des queues de crevettes et éliminez le petit intestin noir qui se trouve dans les chairs. Rincez et égouttez les crevettes. Épongez-les dans du papier absorbant.

2 Dans un saladier, mélangez les crevettes avec le sel, la Maïzena et l'huile de sésame. Faites chauffer le wok ou une grande poêle à feu vif. Versez l'huile puis faites sauter les crevettes et le gingembre pendant 30 secondes.

3 Ajoutez tous les autres ingrédients de la recette et laissez cuire 2 minutes en remuant. Servez aussitôt.

53 Crevettes sautées aux châtaignes d'eau

Grand classique chinois
Préparation : 50 minutes
Pour 4 personnes

450 g de queues de crevettes décortiquées décongelées

225 g de châtaignes d'eau en boîte égouttées (en épicerie asiatique)

175 g de petits pois surgelés

45 cl d'huile d'arachide ou d'eau

1 cuillerée à soupe d'huile d'arachide

1 1/2 cuillerée à soupe de gingembre frais haché

1 cuillerée à soupe d'ail haché

1/2 petit oignon coupé en tranches fines

1 cuillerée à soupe de vin blanc

1/21/2 cuillerée à soupe de sucre

1 cuillerée à café de sel

2 cuillerées à café d'huile de sésame

2 cuillerées à soupe d'oignons nouveaux finement hachés

Poivre blanc fraîchement moulu

Pour la marinade :

1 blanc d'œuf

1 cuillerée à café d'huile de sésame

2 cuillerées à café de Maïzena

Sel et poivre blanc fraîchement moulu

Dans un restaurant où je travaillais il y a quelques années, cette recette était véritablement la star du menu ! Et il y avait de quoi : le contraste entre les crevettes et les châtaignes d'eau est tout simplement irrésistible. À vous de le découvrir…

1 Avec un couteau, incisez le « dos » des queues de crevettes et éliminez le petit intestin noir qui se trouve dans les chairs. Rincez et égouttez les crevettes. Épongez-les dans du papier absorbant.

2 Mélangez les crevettes avec les ingrédients de la marinade et laissez reposer au réfrigérateur pendant 20 minutes.

3 Rincez les châtaignes d'eau et ébouillantez rapidement les petits pois. Mettez ces légumes de côté.

4 Si vous utilisez l'huile pour cuire les crevettes, faites chauffer le wok ou la poêle à feu vif puis versez-la en totalité. Lorsqu'elle est très chaude, sortez le wok du feu et plongez les crevettes marinées dans le liquide brûlant. Mélangez bien pour éviter qu'elles n'accrochent aux parois du wok. Après 2 minutes de cuisson, égouttez-les dans une passoire puis débarrassez vous de l'huile.

5 Si vous préférez prendre de l'eau au lieu de l'huile, portez celle-ci à ébullition dans une casserole. Plongez les queues dans le liquide en ébullition, retirez du feu et laissez cuire ainsi pendant 2 minutes. Égouttez ensuite les crevettes cuites dans une passoire et éliminez l'eau de cuisson.

6 Essuyez et faites chauffer le wok ou la poêle à feu vif, versez l'huile et, quand celle-ci est très chaude, faites revenir le gingembre et l'ail pendant 10 secondes. Ajoutez l'oignon et poursuivez la cuisson pendant 2 minutes.

7 Incorporez les crevettes cuites et les châtaignes d'eau, les petits pois, le vin blanc, le poivre, le sucre et le sel. Faites bien sauter pendant 3 minutes puis ajoutez l'huile de sésame. Présentez la recette dans un plat et saupoudrez d'oignons hachés juste avant de servir.

54 Coquilles Saint-Jacques Sichuan

Repas piquant brûlant !
Préparation : 10 minutes
Pour 4 personnes

1 1/2 cuillerée à soupe d'huile d'arachide

1 cuillerée à soupe de gingembre frais haché

1 cuillerée à soupe d'ail finement haché

2 cuillerées à soupe d'oignons nouveaux finement hachés

450 g de noix de coquilles Saint-Jacques

POUR LA SAUCE :

1 cuillerée à soupe de vin blanc

4 cuillerées à café de sauce soja

2 cuillerées à café de sauce pimentée chinoise

2 cuillerées à café de tomate concentrée

1 cuillerée à café de sucre

1/2 cuillerée à café de sel

1/2 cuillerée à café de poivre blanc fraîchement moulu

2 cuillerées à café d'huile de sésame

Les Chinois adorent les coquilles Saint-Jacques. Sautées rapidement, elles restent toujours moelleuses et ne risquent pas d'être trop cuites. Ici, je les accompagne d'une petite sauce comme on en prépare dans le Sichuan. À servir avec un peu de riz nature *(voir page 135)*.

1 Faites chauffer un wok ou une grande poêle, versez l'huile et quand celle-ci est brûlante, commencez par faire revenir le gingembre, l'ail, et les oignons pendant 10 secondes. Ajoutez les noix et poursuivez la cuisson pendant 1 minute toujours en remuant.

2 Incorporez tous les autres ingrédients sauf l'huile de sésame et faites sauter pendant 4 minutes environ.

3 Ajoutez enfin l'huile de sésame, mélangez et servez aussitôt.

55 Coquilles Saint-Jacques à l'ail

Vite fait, bien fait
Préparation : 10 minutes
Pour 4 personnes

2 cuillerées à soupe d'huile d'arachide

6 cuillerées à soupe d'ail grossièrement haché

450 g de noix de coquilles Saint-Jacques

2 cuillerées à café de gingembre frais haché

2 cuillerées à soupe de piments rouges épépinés et hachés

1/2 cuillerée à café de sel

Poivre blanc fraîchement moulu

2 cuillerées à soupe d'oignons nouveaux finement hachés

Voici ma version d'une délicieuse recette que j'ai eu l'occasion de découvrir dans un tout petit village de pêcheur non loin de Hong-Kong. Les coquilles sont simplement sautées puis agrémentées d'ail frit et de piments. Difficile de faire mieux !

1 Faites chauffer un wok ou une grande poêle, versez l'huile et quand celle-ci est chaude, commencez par faire revenir l'ail à feu moyen. Laissez-le colorer lentement pour qu'il prenne une belle teinte dorée. Sortez l'ail du wok, égouttez-le puis épongez-le dans du papier absorbant.

2 Réchauffez le wok à feu vif cette fois puis faites sauter les coquilles pendant 30 secondes, le temps de les faire colorer. Ajoutez le gingembre, les piments et faites cuire pendant 1 minute.

3 Incorporez le sel et du poivre en mélangeant, laissez cuire pendant 2 minutes puis finissez la recette en ajoutant l'ail doré et les oignons. Servez aussitôt.

56 Coquilles Saint-Jacques épicées aux tomates séchées

Rencontres Est-Ouest
Préparation : 10 minutes
Pour 4 personnes

1 cuillerée à soupe d'huile d'olive

2 cuillerées à soupe d'huile d'arachide

450 g de noix de coquilles Saint-Jacques

2 cuillerées à café de gingembre finement haché

2 cuillerées à soupe de piments rouges épépinés et hachés

3 cuillerées à soupe de tomates séchées finement hachées

2 cuillerées à café de zeste de citron vert

1 cuillerée à café de sucre

2 cuillerées à soupe de coriandre fraîche hachée

Sel et poivre noir fraîchement moulu

Avec un wok bien chaud, les coquilles Saint-Jacques sautées sont très faciles à réussir. Saisies et dorées, elles gardent tout leur parfum à l'intérieur. Ici, je les accommode avec des tomates séchées, du citron et de la coriandre.

1 Faites chauffer le wok ou une grande poêle à feu vif. Versez les deux huiles et faites dorer les coquilles pendant 30 secondes.

2 Ajoutez aussitôt le gingembre, les piments et laissez cuire pendant 1 minute en remuant avec une cuillère en bois. Incorporez les tomates, le zeste, le sucre, un peu de sel, un peu de poivre et poursuivez la cuisson pendant encore 2 minutes.

3 Ajoutez la coriandre et servez immédiatement.

57 Moules sautées au curry vert thaïlandais

Vite fait, bien fait
Préparation : 15 minutes
Pour 4 à 6 personnes

1,5 kg de moules

45 cl de lait de coco

1 cuillerée à soupe de zeste de citron vert haché ou râpé

1 cuillerée à soupe de curry vert thaï (en épicerie asiatique)

3 cuillerées à soupe de coriandre fraîche hachée

2 cuillerées à soupe de nuoc mam

1 cuillerée à café de sucre

Les feuilles lavées d'une botte de basilic

Quand il m'arrive d'avoir un peu de monde à table, je prépare presque toujours des moules : elles sont faciles à trouver, peu chères et plaisent à tout le monde. Avec la mode de la cuisine thaï, la pâte de curry vert est devenue un produit presque courant au rayon asiatique des grandes surfaces. Voici donc une recette pratique et succulente. De plus, si vos invités sont plus nombreux que prévu, il suffit d'augmenter les quantités.

1 Rincez et frottez les moules à l'eau courante. Éliminez toutes celles qui sont ouvertes.

2 Versez le lait de coco dans le wok ou une grande poêle. Ajoutez le zeste, le curry, la coriandre, le nuoc mam, le sucre et portez à ébullition.

3 Ajoutez les moules dans le liquide bouillant, mélangez, couvrez et laissez cuire pendant 5 minutes. Lorsque toutes les moules sont bien ouvertes, incorporez les feuilles de basilic, mélangez et servez sans attendre.

58 Moules à la sauce aux haricots noirs

Repas sans façons
Préparation : 20 minutes
Pour 4 à 6 personnes

1,5 kg de moules

2 cuillerées à soupe d'arachides

4 cuillerées à soupe de haricots noirs fermentés hachés (en épicerie asiatique)

Les moules sont parfaites pour préparer un bon petit repas en instant. Après les avoir rincées et rapidement triées, elles cuisent très rapidement et s'ouvrent en laissant voir leur appétissante couleur orangée. Vérifiez qu'elles sont bien toutes fermées avant la cuisson et éliminez toutes celles dont la coquille est brisée.

1 Rincez et frottez les moules à l'eau courante. Éliminez toutes celles qui sont ouvertes.

(voir page suivante)

3 cuillerées à soupe d'ail haché grossièrement

2 cuillerées à soupe de gingembre haché grossièrement

2 cuillerées à soupe d'oignons nouveaux grossièrement hachés

2 cuillerées à café de sauce soja

2 Placez le wok ou la poêle sur un feu très vif avec l'huile, les haricots, l'ail et le gingembre. Laissez cuire 20 secondes en remuant avec une cuillère en bois puis ajoutez les moules. Couvrez et faites cuire pendant 5 minutes en remuant de temps à autre. Au terme de la cuisson, éliminez les moules qui sont restées fermées.

3 Incorporez les oignons, la sauce soja, mélangez bien et servez tout de suite.

59 Saumon épicé

Repas piquant brûlant !
Préparation : 10 minutes
Pour 4 personnes

4 morceaux de filet de saumon de 100 g chacun, sans peau

3 cuillerées à soupe d'huile d'arachide

3 cuillerées à soupe d'oignons nouveaux finement hachés

Pour la sauce :

1 cuillerée à café de sel

1 cuillerée à café de poivre noir fraîchement moulu

1/2 cuillerée à café de piment de Cayenne

1 cuillerée à café de cinq-épices

1/2 cuillerée à café de coriandre en poudre

1 cuillerée à café de sucre

Le saumon frais est un poisson qui se cuit très rapidement. Il est riche, plutôt gras et gagne à être relevé d'un bon mélange d'épices. Évidemment, plus la qualité de votre saumon sera élevée, meilleure sera votre recette. Aussi, si le choix vous est proposé, préférez les saumons sauvages ou bio à ceux d'élevage.

1 Mettez les morceaux de saumon dans une grande assiette. Mélangez toutes les épices dans un bol. Saupoudrez le poisson avec le mélange d'épices.

2 Faites chauffer le wok ou la poêle à feu très vif avec l'huile d'arachide. Quand celle-ci est brûlante, faites dorer les morceaux de poisson 2 à 3 minutes de chaque côté.

3 Servez le saumon sur un plat bien chaud et saupoudrez-le au dernier moment avec les oignons hachés.

60 Calamars sautés au piments et au basilic

Repas piquant brûlant !	
Préparation : 10 minutes	
Pour 4 personnes	

450 g de calamars propres et prêts à cuire

175 g de petits pois surgelés

1 1/2 cuillerée à soupe d'huile d'arachide

4 cuillerées à soupe d'ail grossièrement haché

3 cuillerées à soupe d'échalotes coupées en fines tranches

2 À 3 petits piments rouges ou verts épépinés et hachés

1 cuillerée à soupe de nuoc mam

2 cuillerées à soupe de sauce aux huîtres

2 cuillerées à café de sucre

Les feuilles propres d'une botte de basilic

Les chefs thaïlandais sont passés maîtres dans la cuisine des fruits de mer et brillent particulièrement lorsqu'il s'agit de préparer les calamars. Cette recette parfumée connue sous le nom de « pla muk phat bai krapao » est une des plus simples et des plus représentatives de l'esprit de la cuisine thaïlandaise. Une fois que les calamars sont lavés et coupés, le plat lui-même ne prend que quelques minutes à faire. Pour qu'ils soient aussi savoureux que possible, cuisez-les au tout dernier moment car ils ne doivent absolument pas attendre.

1 Tirez la tête du calamar pour la séparer du corps. De cette manière, tous les intestins suivent et peuvent être supprimés. Éliminez la peau qui recouvre les calamars, ouvrez-les avec un couteau et lavez bien, à l'extérieur comme à l'intérieur. Coupez toutes les chairs en morceaux de 4 cm de section environ. Vous pouvez demander au poissonnier de faire tout ce travail.

2 Plongez les petits pois dans une casserole d'eau bouillante, laissez cuire 1 minute puis égouttez-les et mettez-les de côté.

3 Faites chauffer le wok ou une grande poêle, versez l'huile et quand celle-ci est brûlante, faites revenir l'ail pour le faire colorer. Égouttez-le.

4 Faites sauter les calamars dans le wok très chaud pendant 1 minute.

5 Ajoutez les échalotes, les piments, les petits pois, le nuoc mam, la sauce d'huître, le sucre et mélangez bien. Laissez cuire 3 minutes, puis incorporez le basilic, l'ail cuit, mélangez bien et servez aussitôt.

61 Saumon sauté au citron

Repas frais et léger
Préparation : 15 minutes
Pour 4 personnes

450 g de filet de saumon sans peau

1 cuillerée à café de sel

4 cuillerées à soupe d'huile d'arachide

1 cuillerée à soupe de gingembre frais finement haché

1 cuillerée à café de sucre

1 cuillerée à soupe de zeste de citron haché

1 citron, pelé et découpé en segments ou en tranches

2 cuillerées à café d'huile de sésame

Sel et poivre noir fraîchement moulu

C'est à Hong-Kong que j'ai pour la première fois goûté une recette de saumon sauté avec des zestes de citrons séchés. J'avais trouvé cette idée géniale et je l'ai adaptée en prenant du citron frais. Attention à la cuisson du poisson : il est fragile et se brise en morceaux si vous le faites sauter sans précaution.

1 Coupez le saumon en morceaux de 2,5 cm de large. Salez et laissez de côté pendant 20 minutes.

2 Faites chauffer un wok ou une poêle à feu vif avec 3 cuillerées à soupe d'huile d'arachide. Quand celle-ci est brûlante, baissez l'intensité du feu et faites cuire les morceaux de poisson pendant 2 minutes sans les toucher. Retournez-les et poursuivez la cuisson pendant encore 1 minute. Sortez délicatement le saumon du wok et posez-le sur du papier absorbant. Essuyez le wok et faites-le chauffer à nouveau.

3 Versez le reste d'huile, ajoutez le gingembre et faites-le revenir pendant 20 secondes. Incorporez le sucre, les zestes, les segments de citron, un peu de sel, un peu de poivre et laissez cuire pendant 1 minute.

4 Mettez délicatement le saumon cuit dans la sauce et faites cuire pendant 1 minute. Ajoutez l'huile de sésame et mélangez. Servez aussitôt.

62 Poisson à la sauce de haricots noirs

Grand classique chinois
Préparation : 15 minutes
Pour 4 personnes

450 g de filet de poisson ferme sans peau (cabillaud, sole, lotte)

1 cuillerée à café de sel

3 cuillerées à soupe d'huile d'arachide

1 1/2 cuillerée à soupe de haricots noirs fermentés salés (en épicerie asiatique)

1 cuillerée à soupe d'ail haché

2 cuillerées à café de gingembre finement haché

3 cuillerées à soupe d'oignons nouveaux finement hachés

2 cuillerées à soupe de sauce soja

1 cuillerée à soupe de vin blanc

1 cuillerée à café de sucre

1 cuillerée à soupe d'eau

2 cuillerées à café d'huile de sésame

POUR LA GARNITURE :

3 cuillerées à soupe d'oignons nouveaux coupés en fines tranches

Ma mère adorait faire ce plat qui plaisait à toute la famille. Les saveurs du gingembre, des haricots, et de l'ail transforment n'importe quel poisson en véritable délice. Servie avec du riz et des légumes, cette recette est vraiment l'une des pierres angulaires de la grande gastronomie chinoise. À découvrir.

1 Coupez le poisson en morceaux de 2,5 cm de large. Salez-les et laissez-les de côté pendant 20 minutes.

2 Faites chauffer un wok ou une poêle à feu vif avec la moitié de l'huile d'arachide. Quand celle-ci est brûlante, baissez l'intensité du feu et faites cuire les morceaux de poisson pendant 2 minutes sans les toucher. Retournez-les et poursuivez la cuisson pendant une autre minute. Sortez délicatement les morceaux du wok et posez-les sur du papier absorbant. Essuyez le wok et faites-le chauffer à nouveau avec le reste de l'huile d'arachide.

3 Faites revenir les haricots, l'ail, le gingembre et les oignons pendant 30 secondes. Ajoutez ensuite la sauce soja, le vin blanc, le sucre, l'eau et portez à ébullition.

4 Mettez le poisson cuit dans cette sauce, mélangez délicatement et laissez cuire pendant 1 minute. Versez l'huile de sésame et mélangez à nouveau. Avec une écumoire, égouttez sommairement le poisson et disposez-le dans un plat de service bien chaud. Nappez avec la sauce et saupoudrez le tout avec les oignons coupés en tranches fines.

63 Poisson sauté aux petits pois

Repas sans façons
Préparation : 15 minutes
Pour 4 personnes

450 g de filet de poisson ferme sans peau (cabillaud, sole, lotte)

1 cuillerée à café de sel

100 g de petits pois frais ou surgelés

2 cuillerées à soupe d'huile d'arachide

4 tranches fines de lard fumé coupées en bâtonnets

POUR LA SAUCE :

15 cl de bouillon de volaille ***(voir page 134)***

1 cuillerée à soupe de vin blanc

1 cuillerée à soupe de sauce soja

1/2 cuillerée à café de sel

1/2 cuillerée à café de poivre blanc fraîchement moulu

2 cuillerées à café de sucre

2 cuillerées à café de Maïzena mélangées à 3 cuillerées à soupe d'eau froide

1 cuillerée à café d'huile de sésame

Voici un plat très populaire dans le sud de la Chine. On le prépare avec un poisson de mer ferme comme le mérou ou la carangue par exemple. La texture du poisson utilisé pour cette recette est très importante. Prenez de la lotte ou mieux du mérou, que l'on peut trouver en été sur les étals des bons poissonniers.

1 Coupez le poisson en morceaux de 2,5 cm de large, salez-les et laissez-les de côté pendant 20 minutes.

2 Plongez les petits pois frais ou surgelés dans une casserole d'eau bouillante salée. Laissez cuire pendant 1 minute puis égouttez et mettez de côté.

3 Faites chauffer un wok ou une poêle à feu vif avec l'huile d'arachide. Quand celle-ci est brûlante, faites cuire les morceaux de poisson pendant 2 minutes en les remuant délicatement, sans les briser.

4 Ajoutez le lard fumé, les petits pois, le bouillon, le vin, la sauce soja, le sel, le poivre et le sucre. Portez la sauce à ébullition puis ajoutez la Maïzena diluée en mélangeant délicatement. Laissez cuire encore 1 minute, ajoutez l'huile de sésame et servez immédiatement.

64 Tofu sauté à la sauce pimentée

Repas piquant brûlant !
Préparation : 15 minutes
Pour 4 à 6 personnes

450 g de tofu ferme

1 cuillerée à soupe de d'huile d'arachide

1 cuillerée à soupe d'ail grossièrement haché

2 cuillerées à café de gingembre finement haché

3 cuillerées à soupe d'oignons nouveaux finement hachés

1 cuillerée à soupe de tomate concentrée

2 cuillerées à soupe de sauce pimentée chinoise

2 cuillerées à café de sauce soja

2 cuillerées à café de sucre

2 cuillerées à café d'huile de sésame

Le tofu ferme (à distinguer du « silk tofu ») est parfait pour les recettes sautées. Toutefois il ne faut pas le mélanger trop brusquement sinon il tombe en miettes. Dilués avec du bouillon de volaille, les restes de cette recette peuvent faire une petite soupe très agréable.

1 Découpez le tofu en cubes de 1 cm de côté environ. Épongez le tofu coupé dans du papier absorbant.

2 Faites chauffer le wok ou une poêle à feu vif puis versez l'huile. Lorsque celle-ci est brûlante, faites revenir l'ail, le gingembre et les oignons pendant 30 secondes.

3 Ajoutez tous les ingrédients restants de la recette sauf le tofu et laissez cuire pendant 5 minutes.

4 Incorporez le tofu, faites cuire à feu moyen pendant 3 minutes puis servez bien chaud.

65 Courgettes épicées

Repas piquant brûlant !
Préparation : 10 minutes
Pour 4 à 6 personnes

2 cuillerées à soupe d'huile d'arachide

3 cuillerées à soupe d'ail haché

675 g de courgettes coupées en cubes de 1 cm de côté

Avec leur chair ferme, les courgettes conviennent très bien aux cuissons sautées et épicées. Cette recette est non seulement facile et économique mais également délicieuse et très saine nutritionnellement. Elle conviendra autant aux végétariens qu'aux amateurs de légumes, en entrée ou en accompagnement d'autres plats.

1 Faites chauffer le wok ou une grande poêle puis versez l'huile d'arachide. Quand celle-ci est brûlante, faites revenir l'ail pendant 30 secondes. Ajoutez ensuite les courgettes et faites-les sauter pendant 2 minutes.

(voir page suivante)

2 cuillerées à soupe de sauce pimentée chinoise

3 cuillerées à soupe de sauce soja

1 cuillerée à soupe de vin blanc

3 cuillerées à soupe d'eau

2 cuillerées à café d'huile de sésame

Sel et poivre noir fraîchement moulu

2 Ajoutez la sauce pimentée, la sauce soja, le vin, l'eau, un peu de sel et de poivre. Laissez cuire en remuant de temps en temps pendant 3 minutes et en ajoutant un peu d'eau si nécessaire.

3 Quand les courgettes sont tendres, finissez en ajoutant l'huile de sésame et servez aussitôt.

66 Maïs et œufs sautés aux oignons nouveaux et gingembre

Repas sans façons
Préparation : 15 minutes
Pour 4 personnes

275 g de maïs en boîte égoutté

1 cuillerée à soupe d'huile d'arachide

3 cuillerées à soupe d'oignons nouveaux grossièrement hachés

2 cuillerées à café de gingembre frais finement haché

1/2 cuillerée à café de sel

4 œufs extra frais cassés et légèrement battus

Voici une recette que je fais très souvent quand j'ai une petite faim et que je n'ai rien à me mettre sous la dent ! Le maïs est maintenant assez répandu et consommé en Chine, tout spécialement à Hong-Kong. Sachez que vous pouvez facilement remplacer le maïs par des petits pois frais ou surgelés.

1 Égouttez soigneusement le maïs en boîte en le laissant au moins 20 minutes dans une passoire.

2 Faites chauffer le wok ou une grande poêle puis versez l'huile d'arachide. Quand celle-ci est brûlante, faites revenir les oignons, le gingembre, le sel pendant 10 secondes environ.

3 Ajoutez le maïs, faites sauter pendant 2 minutes puis baissez l'intensité du feu. Versez les œufs battus et poursuivez la cuisson pendant 2 autres minutes sans cesser de remuer. Servez immédiatement.

67 Asperges sautées à la sauce de haricots noirs

Vite fait, bien fait
Préparation : 10 minutes
Pour 2 personnes

450 g d'asperges épluchées et coupées dans la longueur sans dépasser 7,5 cm environ

1 cuillerée à soupe d'huile d'arachide

2 cuillerées à café de gingembre frais finement haché

2 cuillerées à café d'ail finement haché

2 cuillerées à soupe de haricots noirs fermentés salés et hachés grossièrement

2 cuillerées à soupe de sauce pimentée chinoise

15 cl de bouillon de légumes

1 cuillerée à café de sucre

3 cuillerées à soupe de vin blanc

1 cuillerée à café d'huile de sésame

Les asperges sont tellement délicieuses que, lorsque la pleine saison se présente, je les cuisine tous les jours et littéralement à toutes les sauces ! Même si elles ne sont apparues qu'assez récemment dans la gastronomie asiatique, on les trouve dans presque tous les menus des bons restaurants chinois. Comme vous le verrez, elles se marient particulièrement bien avec la saveur des haricots noirs. Cette recette végétarienne peut rivaliser avec n'importe quel plat de viande ou de poisson. Avec un peu de riz, elle vous fera un petit repas frais et léger pour deux.

1 Plongez les asperges dans un grand volume d'eau salée, faites-les cuire pendant 3 minutes puis égouttez-les.

2 Faites chauffer le wok ou une grande poêle puis versez l'huile d'arachide. Quand celle-ci est brûlante, faites revenir le gingembre, l'ail et les haricots pendant 10 secondes environ.

3 Ajoutez la sauce pimentée, les asperges précuites et mélangez bien.

4 Incorporez le bouillon, le sucre et le vin. Laissez cuire à feu vif pendant 2 minutes en remuant sans arrêt. Ajoutez enfin l'huile de sésame, mélangez rapidement puis servez aussitôt.

68 Chou chinois pimenté et sauté

Repas piquant brûlant !	
Préparation : 10 minutes	
Pour 4 à 6 personnes	

450 g de chou chinois coupé en lanière de 1 cm de large environ

1 1/2 cuillerée à soupe d'huile d'arachide

2 cuillerées à soupe d'ail grossièrement haché

1 cuillerée à soupe de gingembre grossièrement haché

1 cuillerée à soupe de sauce soja

1 cuillerée à soupe de sauce d'huître

2 cuillerées à café de sauce pimentée chinoise

2 cuillerées à café d'huile de sésame

Le chou chinois possède une saveur douce et légère qui se marie très bien avec une large variété d'assaisonnements, comme ceux, très épicés, que l'on apprécie beaucoup dans le Sichuan. Cette recette accompagnera magnifiquement la plupart des plats asiatiques que vous proposerez à vos invités. Servie avec un simple riz blanc nature, elle vous permettra d'improviser un succulent repas végétarien.

1 Portez une grande casserole d'eau salée à ébullition, plongez les lanières de chou, attendez l'ébullition et versez aussitôt dans une passoire. Refroidissez le chou à l'eau froide et laissez-le s'égoutter un moment.

2 Faites chauffer le wok ou une grande poêle. Versez l'huile puis faites revenir l'ail et le gingembre pendant 10 secondes.

3 Ajoutez le chou bien égoutté. Faites sauter pendant 2 minutes, ajoutez les sauces, l'huile de sésame et mélangez bien. Faites cuire pendant 2 minutes puis servez aussitôt.

69 Chou-fleur à la coriandre fraîche

Repas sans façons
Préparation : 15 minutes
Pour 4 personnes

1 petit chou-fleur

2 cuillerées à soupe d'huile d'olive vierge

4 gousses d'ail finement émincées

1 cuillerée à café de coriandre en poudre

1 cuillerée à café de sel

1/2 cuillerée à soupe de poivre noir moulu

2 cuillerées à café de zeste de citron finement râpé

15 cl de bouillon de volaille *(voir page 134)* ou de légumes

3 cuillerées à soupe de coriandre fraîche hachée

Huile parfumée au curry *(voir page 136)* pour le service

Le chou-fleur, ce bon légume, est non seulement économique et facile à préparer mais il se cuisine également à presque toutes les sauces. Ici je le fais tout simplement sauter avec une touche d'huile d'olive et de coriandre fraîche.

1 Détaillez le chou-fleur en petits bouquets de 3 ou 4 cm de diamètre environ.

2 Faites chauffer le wok ou une grande poêle. Versez l'huile d'olive puis faites revenir l'ail pendant 20 secondes, enfin, ajoutez les petits bouquets de chou-fleur.

3 Ajoutez la coriandre en poudre, le sel, le poivre, le zeste et le bouillon. Réduisez l'intensité du feu couvrez et laissez cuire pendant 10 minutes. Incorporez enfin la coriandre fraîche en mélangeant et servez bien chaud en ajoutant quelques gouttes d'huile parfumée au curry.

70 Brocoli et mini-maïs sautés façon Hong-Kong

Rencontres Est-Ouest
Préparation : 40 minutes
Pour 4 personnes

2 têtes de brocoli

225 g de mini-maïs en boîte égouttés (en épicerie asiatique)

4 champignons chinois parfumés secs

1 1/2 cuillerée à soupe d'huile d'arachide

1 cuillerée à café de sel

1/2 cuillerée à café de poivre noir fraîchement moulu

1 cuillerée à café de sucre

1 cuillerée à café de vin blanc

1 cuillerée à soupe de sauce soja

3 cuillerées à soupe de sauce d'huître

2 cuillerées à café d'huile de sésame

L'innovation est la grande qualité de la cuisine de Hong-Kong et ses chefs sont prompts à adopter des techniques ou des produits non traditionnels. Ici, je combine le brocoli et les mini-maïs avec un assaisonnement assez classique. Cette recette est enfantine à faire, vous pourrez la servir en plat végétarien ou en accompagnement d'autres plats, de viande ou de poisson.

1 Séparez les brocolis en petits bouquets. Pelez les queues de ces bouquets avec un petit couteau. Ébouillantez 2 bonnes minutes les bouquets ainsi préparés puis refroidissez-les dans un grand volume d'eau froide. Égouttez-les ensuite.

2 Faites tremper les champignons parfumés dans un grand volume d'eau chaude pendant 20 minutes puis pressez-les entre vos mains pour en exprimer l'eau en excès. Éliminez les queues et coupez les chapeaux en fines lamelles.

3 Faites chauffer le wok ou une grande poêle. Versez l'huile puis faites revenir les brocolis, le maïs et les champignons pendant 3 minutes.

4 Ajoutez le sel, le poivre, le sucre, le vin, la sauce soja, la sauce d'huître et laissez cuire à feu doux pendant 2 minutes en mélangeant assez souvent. Finissez la recette en versant l'huile de sésame. Mélangez et servez aussitôt.

71 Carottes sautées à l'ail et au gingembre

Rencontres Est-Ouest
Préparation : 25 minutes
Pour 4 personnes

450 g de carottes

1 cuillerée à soupe d'huile d'arachide

3 cuillerées à soupe d'ail grossièrement haché

1 cuillerée à soupe de gingembre grossièrement haché

4 cuillerées soupe d'eau

2 cuillerées à soupe de coriandre hachée

2 cuillerées à soupe d'oignons nouveaux finement hachés

Sel et poivre noir fraîchement moulu

Comme presque tous les enfants, je trouve que les carottes bouillies et servies avec du beurre sont mortellement ennuyeuses...
Pas étonnant qu'elles fassent fuir tous les petits ! Cependant sautées au wok, elles prennent tout à coup une saveur vraiment séduisante et délicieuse. Voici une recette pour vous réconcilier avec un légume qui ne vous veut que du bien !

1 Pelez les carottes et coupez-les en tranches légèrement diagonales.

2 Faites chauffer le wok ou une grande poêle. Versez l'huile, puis faites revenir l'ail et le gingembre pendant 20 secondes. Ajoutez ensuite les carottes et faites-les sauter pendant 2 minutes. Salez, poivrez.

3 Versez l'eau et poursuivez la cuisson pendant 4 minutes en baissant légèrement l'intensité du feu. Finissez la recette avec la coriandre et les oignons. Servez chaud.

72 Navets sautés à la sauce Hoisin

Repas sans façons
Préparation : 20 minutes
Pour 4 personnes

1 cuillerée à soupe d'huile d'arachide

2 cuillerées à soupe d'ail finement haché

450 g de navets pelés et coupés en fines tranches

3 cuillerées à soupe de sauce Hoisin (en épicerie asiatique)

2 cuillerées à soupe de sauce soja

2 cuillerées à soupe de sucre

3 cuillerées à soupe d'eau

Le navet est un légume merveilleux injustement délaissé. Voici une petite recette toute simple, agréablement relevée d'une touche de sauce Hoisin.

1 Faites chauffer un wok ou une grande poêle. Versez l'huile et lorsque celle-ci est brûlante, faites revenir l'ail pendant 10 secondes.

2 Ajoutez les navets et faites-les sauter pendant 2 minutes. Ajoutez la sauce Hoisin, la sauce soja, le sucre et l'eau. Baissez l'intensité du feu, couvrez et laissez cuire pendant 5 minutes. Servez dès que les navets sont juste tendres.

73 Concombre aux épices

Repas piquant brûlant !
Préparation : 40 minutes
Pour 4 personnes

2 beaux concombres

2 cuillerées à café de sel

1 cuillerée à soupe d'huile d'arachide

1 1/2 cuillerée à soupe d'ail finement haché

1 1/2 cuillerée à soupe d'haricots noirs fermentés hachés

1 cuillerée à soupe de gingembre frais finement haché

2 cuillerées à soupe d'oignons nouveaux finement hachés

2 cuillerées à soupe de sauce pimentée chinoise

1 cuillerée à café de sel

1/2 cuillerée à café de poivre noir fraîchement moulu

2 cuillerées à café de sucre

12 cl d'eau

2 cuillerées à café de sésame

Quand j'étais petit, j'étais toujours étonné de voir les Américains manger les concombres complètement crus car, en Chine, nous les mangions toujours cuits ou, parfois aussi, saumurés dans du vinaigre et du sel. Contrairement aux variétés occidentales, on ne trouve en Asie que des petits concombres, très fermes et très verts qui sont parfaits pour la cuisine.
Voici une recette venue de l'ouest de la Chine où ce légume est abondant et très consommé. Une fois que les ingrédients sont tous préparés, elle ne prend que très peu de temps à faire. La sauce pimentée et l'ail contrastent agréablement avec le côté frais et croquant du concombre. Si vous prenez l'habitude de le cuire, vous aurez ensuite bien du mal à l'apprécier en salade.

1 Pelez les concombres, coupez-les en deux dans la longueur et, avec une cuillère à café, grattez et éliminez les pépins. Détaillez-les ensuite en morceaux d'environ 2,5 cm. Saupoudrez les morceaux de concombre de sel, placez-les dans une passoire et laissez-les ainsi pendant 20 minutes environ. Après ce laps de temps, rincez-les à l'eau froide, égouttez-les et épongez-les dans du papier absorbant.

2 Faites chauffer un wok ou une grande poêle. Versez l'huile et lorsque celle-ci est brûlante, faites revenir l'ail, les haricots, le gingembre et les oignons pendant 30 secondes.

3 Ajoutez les concombres, la sauce pimentée, le sel, le poivre, le sucre et faites sauter pendant 30 secondes environ.

4 Versez l'eau et poursuivez la cuisson pendant 3 minutes environ, le temps que le jus de cuisson s'évapore presque complètement. Ajoutez l'huile de sésame, mélangez et servez sans attendre.

74 Fenouil sauté à l'ail

Rencontres Est-Ouest
Préparation : 10 minutes
Pour 4 à 6 personnes

450 g de fenouil

1 1/2 cuillerée à soupe d'huile d'arachide

4 gousses d'ail écrasées

1 cuillerée à café de sel

1 poivron rouge épépiné et coupé en lanières

2 cuillerées à soupe d'eau

Je profite toujours de mes fréquents passages à Londres pour cuisiner « sino-britannique » ! Je mélange les deux styles pour le plus grand plaisir de mes amis. C'est un peu de cette manière que j'ai découvert la vraie saveur du fenouil. Sans hésitation, il gagne à être sauté plutôt que cuit à l'eau ou à la vapeur.
Le fenouil n'a jamais été un produit inconnu pour moi et j'ai toujours su qu'on en faisait grand cas dans le sud de la France mais je ne pensais pas le préparer un jour à la chinoise et l'intégrer dans mes légumes favoris, à côté du chou chinois ou du pak choy. Servez cette recette avec des côtes d'agneau grillées et vous aurez un superbe repas.

1 Coupez les fenouils en quartiers et séparez les différentes feuilles les unes des autres.

2 Faites chauffer un wok ou une grande poêle. Versez l'huile et lorsque celle-ci est brûlante, faites revenir l'ail, le sel, les fenouils et le poivron. Faites sauter tous ces légumes pendant 5 minutes en ajoutant l'eau à mi-cuisson. Servez bien chaud.

75 Légumes verts sautés à la chinoise

Grand classique chinois
Préparation : 10 minutes
Pour 4 personnes

1 cuillerée à soupe d'huile d'arachide

3 gousses d'ail coupées en fines tranches

2 cuillerées à café de sel

675 g de légumes (chou chinois, pak choy, en épicerie asiatique)

2 cuillerées à soupe d'eau

Les légumes chinois sont souvent connus par leur nom cantonais de « pak choy ». Dans mon enfance, ils constituaient la base de l'alimentation car ils étaient bon marché et très nourrissants. Au restaurant comme à la maison, ils sont souvent simplement cuits à l'eau. Quel dommage ! Simplement sautés avec un peu d'ail et de gingembre, ils sont parfaits pour accompagner viandes et poissons et trouvent naturellement leur place dans tous les menus végétariens. Vous pouvez aussi préparer des pois gourmands, des haricots verts ou des blettes de la même façon.

1 Faites chauffer un wok ou une grande poêle. Versez l'huile et lorsque celle-ci est brûlante, faites revenir l'ail et le sel pendant 15 secondes. Ajoutez ensuite les légumes puis faites-les sauter pendant 3 à 4 minutes environ en remuant constamment et en ajoutant l'eau à mi-cuisson.

2 Servez sans attendre vos légumes en essayant de les garder légèrement croquants.

76 Fèves sautées au curry rouge

Vite fait, bien fait
Préparation 25 minutes
Pour 2 à 4 personnes

900 g de fèves en cosses (350 g écossées)

1 cuillerée à soupe d'huile d'arachide

3 cuillerées à soupe d'ail coupé en fines tranches

3 cuillerées à soupe d'échalotes coupées en fines tranches

2 petits piments rouges épépinés et coupés en fines tranches

2 cuillerées à café de sucre

2 cuillerées à café de curry rouge en pâte

1 cuillerée à soupe de nuoc mam

2 cuillerées à soupe d'eau

Poivre noir fraîchement moulu

Les fèves sont appréciées dans toute l'Asie. En Thaïlande, par exemple, on les fait sauter avec de la pâte de curry rouge, elles prennent alors une succulente saveur épicée sans toutefois perdre leur petit goût sucré si agréable. Cette recette nommée « thua-a-phad-prig daeng » est une superbe entrée qui ravira et surprendra vos convives. Hors saison, vous pouvez utiliser des fèves surgelées : elles conviennent aussi bien que les fraîches.

1 Si vous avez des fèves fraîches en gousses, écossez-les puis blanchissez-les pendant 1 minute dans un grand volume d'eau salée bouillante. Refroidissez les fèves dans de l'eau froide puis égouttez-les. Pelez ensuite chaque fève en les pressant entre le pouce et l'index pour éliminer l'épaisse peau qui les recouvre. Si vous utilisez des fèves surgelées, sortez-les du congélateur et laissez-les revenir à température ambiante.

2 Faites chauffer le wok ou une grande poêle à feu vif et versez l'huile. Quand celle-ci est brûlante, faites revenir l'ail, les échalotes, les piments et un peu de poivre noir pendant 1 minute.

3 Ajoutez les fèves blanchies, le sucre, la pâte de curry, le nuoc mam et l'eau. Mélangez bien et faites sauter encore pendant 2 minutes. Servez aussitôt.

77 Méli-mélo de poivrons et haricots verts

Repas frais et léger
Préparation : 10 minutes
Pour 4 à 6 personnes

2 beaux poivrons rouges

1 1/2 de cuillerée à soupe d'huile d'arachide

2 cuillerées à soupe d'ail grossièrement haché

1 1/2 cuillerée à café de sel

225 g de haricots verts extra-fins très frais effilés

1 cuillerée à café de sucre

2 cuillerées à soupe d'eau

Subtilement assaisonnés, les poivrons rouges et les haricots verts forment un mélange aussi coloré que savoureux à servir en toute occasion. À consommer selon votre choix : brûlant, tiède ou froid !

1 Coupez les poivrons en deux, épépinez-les puis détaillez-les en fines lanières.

2 Faites chauffer le wok ou une grande poêle à feu vif et versez l'huile. Quand celle-ci est brûlante, faites revenir l'ail, le sel et les légumes pendant 2 minutes. Ajoutez ensuite le sucre, l'eau et laissez cuire en mélangeant souvent pendant 4 minutes environ. Pensez à garder les haricots légèrement fermes : il suffit de ne pas trop les cuire.

78 Épinards sautés à l'ail

Grand classique chinois
Préparation : 10 minutes
Pour 4 personnes

675 g d'épinards frais

1 cuillerée à soupe d'huile d'arachide

1 cuillerée à soupe d'ail finement haché

1 cuillerée à café de sel

1 cuillerée à café de sucre

Si les épinards n'ont pas la réputation qu'ils méritent, c'est sans doute parce qu'ils sont presque toujours trop cuits. Pourtant, quel délicieux légume ! Dans le sud de la Chine, on l'apprécie sans réserve. Voici comment le préparer, très simplement.

1 Éliminez les queues des épinards puis lavez-les 2 fois à grande eau.

2 Faites chauffer le wok ou une grande poêle à feu vif et versez l'huile. Quand celle-ci est brûlante, faites revenir l'ail, et le sel pendant 10 secondes. Ajoutez ensuite les épinards et poursuivez la cuisson à feu vif pendant 2 minutes sans cesser de mélanger avec une cuillère en bois.

3 Quand les épinards ont perdu presque tout leur volume d'origine et paraissent cuits, incorporez le sucre et faites cuire encore pendant 2 minutes. Sortez du feu, penchez le wok au-dessus d'un bol et éliminez une partie du jus de cuisson. Servez chaud ou froid.

79 Épinards sautés comme à Singapour

Repas sans façons
Préparation : 20 minutes
Pour 2 à 4 personnes

675 g d'épinards

2 cuillerées à soupe d'huile d'arachide

2 cuillerées à café de pâte de crevette (en épicerie asiatique)

3 échalotes coupées en fines tranches

5 gousses d'ail finement coupées

2 petits piments frais épépinés et hachés

1 cuillerée à café de sucre

Sel et poivre noir fraîchement moulu

Mon amie Jenny Lo est d'origine malaise et chinoise. C'est elle qui m'a fait découvrir cette recette la première fois. J'ai eu, depuis, maintes occasions de la déguster à Singapour où elle est préparée avec une variété locale d'épinard croquante, parfumée et tellement tendre qu'il n'est même pas utile d'en éliminer les queues. Toutefois, les épinards classiques conviendront aussi bien, à condition de les choisir assez jeunes ou, mieux encore, de prendre des « pousses d'épinard » que l'on trouve assez fréquemment sur les marchés.

1 Éliminez les queues des épinards puis lavez-les 2 fois à grande eau.

2 Faites chauffer le wok ou une grande poêle à feu vif et versez l'huile. Quand celle-ci est brûlante, faites revenir la pâte de crevette, les échalotes et l'ail pendant 2 à 3 minutes.

3 Ajoutez ensuite les piments, le sucre et les épinards. Faites sauter pendant 2 minutes en mélangeant bien avec une cuillère en bois.

4 À ce stade, les épinards ont perdu presque tout leur volume de départ. Poursuivez la cuisson pendant encore 2 minutes. Assaisonnez de sel et de poivre. Sortez ensuite du feu, faites couler une partie du jus de cuisson puis servez sans attendre.

80 Champignons sautés épicés

Repas piquant brûlant !
Préparation : 20 minutes
Pour 4 personnes

1 cuillerée à soupe d'huile d'arachide

2 cuillerées à soupe d'ail finement haché

2 cuillerées à soupe de gingembre frais haché

1 cuillerée à soupe d'oignons nouveaux finement hachés

450 g de petits champignons de Paris

2 cuillerées à soupe de sauce pimentée chinoise

1 cuillerée à soupe de vin blanc

2 cuillerées café de sauce soja

1 cuillerée à café de sel

1/2 cuillerée à café de poivre noir fraîchement moulu

1 cuillerée à soupe de bouillon de volaille *(voir page 134)* ou d'eau

2 cuillerées à soupe de sucre

2 cuillerées à café d'huile de sésame

Produit banalisé en Europe et aux États-Unis, le champignon de Paris est au contraire quasiment inconnu en Chine. Il bénéficie d'un certain engouement car sa délicate saveur et sa texture ferme se prêtent très bien aux recettes sautées au wok. Cette recette est parfaite avec les viandes grillées ou rôties. Elle a aussi l'avantage de pouvoir se préparer à l'avance et de se réchauffer sans perdre de goût.

1 Faites chauffer le wok ou une grande poêle à feu vif et versez l'huile. Quand celle-ci est brûlante, faites revenir l'ail, le gingembre et les oignons pendant 30 secondes environ.

2 Ajoutez ensuite tous les autres ingrédients (sauf l'huile de sésame). Faites sauter en mélangeant pendant 5 minutes environ. Au terme de la cuisson, les champignons doivent être parfumés par les épices et être cuits tout en restant très légèrement fermes.

3 Juste avant de servir, ajoutez l'huile de sésame et mélangez bien. Servez les champignons sautés bien chauds, c'est ainsi qu'ils sont les meilleurs.

81 Champignons noirs et pois gourmands sautés

Vite fait, bien fait
Préparation : 40 minutes
Pour 4 personnes

15 champignons noirs

1 cuillerée à soupe d'huile d'arachide

2 gousses d'ail écrasées

2 tiges de céleri coupées finement en bâtonnets

225 g de pois gourmands effilés

100 g de châtaignes d'eau en boîte égouttées et coupées en tranches (en épicerie asiatique)

La sauce :

1 cuillerée à soupe de sauce d'huître

3 cuillerées à soupe de sauce soja

1 cuillerée à soupe de sucre

1 cuillerée à café de vin blanc

1 cuillerée à café d'huile de sésame

15 cl de bouillon de volaille *(voir page 134)* ou de bouillon de légumes

2 cuillerées à café de Maïzena mélangées à 2 cuillerées à soupe d'eau froide

Voici maintenant une recette pleine de couleur et de saveur que vous pourrez servir en famille. Elle est vraiment typique de la grande tradition chinoise. Les champignons noirs ne sont pas très parfumés en eux-mêmes mais ils retiennent bien tous les arômes de l'assaisonnement. De plus, leur texture légèrement caoutchouteuse est très amusante. Avec leur belle couleur noire, ils sont, en quelque sorte, les truffes de la cuisine chinoise (beaucoup moins chers, heureusement !).

1 Faites tremper les champignons noirs dans de l'eau chaude pendant 20 minutes, lavez-les puis égouttez-les.

2 Faites chauffer le wok ou une grande poêle à feu vif et versez l'huile. Quand celle-ci est brûlante, faites revenir l'ail pendant 30 secondes. Ajoutez les champignons bien égouttés, le céleri et faites sauter pendant 2 minutes. Incorporez les pois gourmands, les châtaignes et poursuivez la cuisson de la même manière pendant 1 minute.

3 Ajoutez tous les ingrédients de la sauce sauf le mélange Maïzena/eau. Portez à ébullition et, seulement à ce moment, ajoutez le mélange Maïzena/eau en mélangeant vivement. Servez très chaud dans un plat creux.

82 Champignons sautés à la Provençale

Rencontres Est-Ouest
Préparation : 15 minutes
Pour 2 à 4 personnes

2 cuillerées à soupe d'huile d'olive

2 cuillerées à soupe d'ail grossièrement haché

450 g de champignons de Paris

4 cuillerées à soupe de persil plat haché

2 cuillerées à soupe de ciboulette hachée

2 cuillerées à soupe d'oignons nouveaux finement hachés

Sel et poivre noir fraîchement moulu

C'est Bruna Taurines qui m'a donné l'idée de cette recette. Bruna est une excellente cuisinière. Ses origines la situent en Italie mais elle passe le plus clair de son temps en Provence. Et c'est à Martigues que j'ai découvert grâce à elle l'inoubliable saveur de l'ail et du persil hachés et cuits ensemble. Dans cette recette, j'utilise donc cette persillade si délicieuse en y ajoutant, bien sûr, ma petite touche personnelle.

1 Faites chauffer le wok ou une poêle à feu modéré, puis versez l'huile et ajoutez l'ail. Laissez cuire pendant 15 secondes.

2 Incorporez les champignons, un peu de sel, du poivre et faites sauter pendant 5 à 7 minutes environ.

3 Finissez la recette en ajoutant le persil, la ciboulette et les oignons nouveaux. Laissez cuire en mélangeant pendant 2 minutes. Servez aussitôt, bien chaud.

83 Légumes sautés au cinq-épices

Repas sans façons
Préparation : 25 minutes
Pour 4 à 6 personnes

2 carottes

100 g de pousses de bambou en boîte égouttées

1/2 de céleri boule

1 poivron rouge

1 1/2 cuillerée à soupe d'huile d'arachide

1 cuillerée à soupe d'ail grossièrement haché

3 cuillerées à soupe d'échalotes coupées en fines tranches

3 cuillerées à soupe d'oignons nouveaux finement hachés

2 cuillerées à café de sauce soja

2 cuillerées à café de vin blanc

2 cuillerées à café de cinq-épices

Sel et poivre noir fraîchement moulu

C'est incroyable de voir à quel point une petite pincée de mélange cinq-épices peut relever et transformer de simples légumes en un mets raffiné. Ici, le mélange coloré de carottes, de bambou, de poivrons et des autres légumes est simplement sauté au wok pour le plus grand plaisir des amateurs d'une cuisine saine et facile. Pour les végétariens et les autres.

1 Pelez les carottes puis coupez-les en fines tranches. Détaillez tous les autres légumes de la même manière.

2 Faites chauffer le wok ou une grande poêle à feu vif et versez l'huile. Quand celle-ci est brûlante, faites revenir l'ail, les échalotes et les oignons nouveaux pendant 20 secondes. Ajoutez ensuite les carottes et cuisez encore 1 bonne minute.

3 Ajoutez tous les autres légumes, la sauce soja, le vin, le cinq-épices, un peu de sel, de poivre et faites sauter le tout pendant 3 minutes. Servez très chaud et surtout sans attendre.

84 Arc-en-ciel de légumes

Vite fait, bien fait
Préparation : 50 minutes
Pour 4 à 6 personnes

5 champignons parfumés chinois noirs secs

500 g de légumes mélangés (carotte, bambou, courgette, céleri, tofu)

1 poivron rouge

1 cœur de laitue

1 1/2 cuillerée à soupe d'huile d'arachide

1 cuillerée à soupe d'ail haché

3 cuillerées à soupe d'échalotes coupées en fines tranches

3 cuillerées à soupe d'oignons nouveaux finement hachés

2 cuillerées à café de sauce soja

2 cuillerées à café de vin blanc

3 cuillerées à soupe de sauce d'huître

Sel et poivre noir fraîchement moulu

POUR LA GARNITURE :

4 cuillerées à soupe de sauce Hoisin (en épicerie asiatique)

25 g de vermicelle de riz (facultatif)

Dire que les régimes végétariens ont souvent la réputation d'être tristes ou de n'offrir que des recettes fades ! Voici maintenant la preuve par neuf que légumes et plaisir peuvent rimer sans aucun problème. Cette recette « arc-en-ciel » satisfait autant les yeux que le palais. Les légumes sont sautés et délicatement accompagnés de salade fraîche, de vermicelles croustillants et de sauce Hoisin.
Cette recette se sert bien sûr en plat mais aussi en entrée ou même au moment de l'apéritif. Dans ce cas, il faut placer les légumes cuits dans de petites feuilles de laitue, verser la sauce Hoisin dans de petits bols et laisser les convives se servir eux-mêmes (en trempant délicatement les bouchées dans la sauce). Pour rendre cette présentation encore plus attrayante, décorez les légumes comme sur la photo, avec des nouilles de haricots ou de riz frites.

1 Faites tremper les champignons noirs dans de l'eau chaude pendant 20 minutes, lavez-les puis égouttez-les. Pressez-les entre vos mains puis coupez-les en lanières assez fines.

2 Pelez les carottes puis coupez-les en fines lamelles d'environ 5 cm de long. Détaillez tous les autres légumes de la même manière. Lavez, triez et essorez la salade.

3 Faites chauffer le wok ou une grande poêle à feu vif et versez l'huile. Quand celle-ci est brûlante, faites revenir l'ail, l'échalote, les oignons nouveaux pendant 20 secondes. Ajoutez ensuite les carottes et laissez cuire pendant 1 minute.

4 Incorporez tous les autres légumes (sauf la salade), la sauce soja, le vin, la sauce d'huître, un peu de sel, un peu de poivre et faites sauter pendant 3 minutes.

5 Servez les légumes sautés dans un plat. Déposez les feuilles de laitue dans une autre assiette. Versez la sauce Hoisin dans un bol, les nouilles dans un autre (si vous les faites) et servez aussitôt.

85 Pâtes de légumes « Mock »

Repas frais et léger
Préparation : 45 minutes
Pour 4 personnes

900 g de courgettes

1 cuillerée à café de sel

1 cuillerée à soupe d'huile d'arachide

1 cuillerée à soupe d'ail grossièrement haché

2 cuillerées à café de gingembre frais finement haché

2 cuillerées à soupe de coriandre fraîche hachée

2 cuillerées à soupe de fanes d'oignons nouveaux hachées

En cuisine chinoise, les plats ne sont pas toujours ce qu'ils paraissent être…
Un exemple : en Chinois, « Canard Mock » désigne non pas une recette de canard mais la racine de taro farcie avec des légumes émincés et frite à l'huile ! Personnellement, j'apprécie beaucoup ces décalages que l'on constate entre la dénomination des plats et la réalité qu'ils recouvrent. Il y a toujours une (bonne) surprise à attendre !

Ici je prends des courgettes que je détaille en fines lanières, comme des pâtes. Je les sale ensuite pour en chasser l'eau en excès et les raffermir. Rapidement cuites au wok, ces courgettes ressemblent à des spaghettis et les invités à qui je les prépare sont en général complètement bluffés ! Attention à la cuisson des courgettes : mieux vaut plutôt moins que plutôt plus… il faut toujours les conserver *al dente*. Vous pouvez servir ce plat chaud ou froid, le préparer la veille pour le lendemain, l'emmener en pique-nique, etc.

1 Coupez les courgettes en tranches fines puis en lanières toujours fines ressemblant à des tagliatelle ou des spaghetti. Salez-les en mélangeant bien et laissez ainsi, dans une passoire, pendant 20 minutes. Pressez-les ensuite dans un torchon propre pour chasser l'humidité.

2 Faites chauffer le wok ou une grande poêle à feu vif et versez l'huile. Quand celle-ci est brûlante, faites revenir l'ail, le gingembre pendant 30 secondes.

3 Ajoutez les courgettes, la coriandre, les oignons nouveaux et comptez 4 minutes de cuisson. Placez les courgettes cuites mais encore fermes dans un plat de service et servez chaud, tiède ou froid, à votre goût.

86 Tofu sauté à l'orange

Rencontres Est-Ouest
Préparation : 40 minutes
Pour 4 personnes

900 g de tofu ferme (en épicerie asiatique)

2 cuillerées à soupe d'huile d'arachide

10 petits piments secs coupés en deux

1 botte d'oignons nouveaux coupés en fines tranches

4 cuillerées à soupe de zeste d'orange coupé en fines lanières

2 cuillerées à soupe d'ail grossièrement haché

4 cuillerées à soupe de vin blanc

4 cuillerées à soupe de sauce soja

1/2 cuillerée à café de poivre noir

2 cuillerées à café de sucre

4 cuillerées à café d'huile de sésame

« Le cheval » est un des meilleurs restaurants vietnamiens d'Oakland en Californie. Ce nom français indique déjà tout l'esprit de finesse et l'inventivité que l'on trouve dans la cuisine de cet établissement. La grande spécialité de cette maison est le tofu. Ici, il est cuisiné avec de l'orange dans un subtil mélange de style occidental et asiatique. Le tofu est simplement cuit à l'huile puis fini avec des zestes d'oranges, des épices et des aromates. Servez cette recette pour 4 personnes, en plat principal.

1 Coupez le tofu en cubes de 2,5 cm et épongez-le délicatement dans du papier absorbant pendant 20 minutes.

2 Faites chauffer le wok ou une grande poêle à feu vif et versez l'huile. Quand celle-ci est brûlante, faites revenir les piments secs pendant 20 secondes.

3 Poussez les piments sur le bord du wok (ou de la poêle) et baissez l'intensité du feu. Faites sauter et colorer les cubes de tofu sur toutes leurs faces. Égouttez puis épongez ensuite le piment et le tofu sur du papier absorbant.

4 Ajoutez les oignons, les zestes, l'ail et faites revenir pendant 3 minutes. Versez ensuite le vin blanc, la sauce soja, le poivre, le sucre puis incorporez le tofu et les piments. Faites sauter pendant 3 minutes en mélangeant délicatement.

5 Ajoutez enfin l'huile de sésame en mélangeant avec une cuillère en bois sans briser les cubes de tofu. Servez bien chaud.

NB : Ce plat peut se faire réchauffer si vous l'avez préparé à l'avance.

87 Mélange de légumes sautés

Repas sans façons
Préparation : 40 minutes
Pour 4 personnes

1 tête de brocoli

225 g d'asperges

225 g de chou chinois

225 g de mini-maïs en boîte égouttés

2 cuillerées à soupe d'huile d'arachide

3 cuillerées à soupe d'ail coupé en fines tranches

3 cuillerées à soupe d'échalotes coupées en fines tranches

2 petits piments rouges épépinés et hachés

1 1/2 cuillerée à soupe de nuoc mam

2 cuillerées à soupe de sauce d'huître

2 cuillerées à café de sucre

1/2 cuillerée à café de sel

Voici maintenant une recette colorée et délicieuse. Je vous suggère ici quelques légumes mais vous pouvez les remplacer par ceux que vous préférez. Pensez toujours à cuire en premier les légumes les plus durs pour finir par les plus tendres.
Cette recette est connue sous le nom de « phad phag ruam mit » en Thaïlande. Pour qu'elle soit complètement végétarienne, remplacez la sauce d'huître par les haricots noirs fermentés salés.

1 Détaillez la tête de brocoli en petits bouquets. Pelez les queues des bouquets. Pelez également les asperges puis coupez-les en tronçons de 4 cm de long, tout comme le chou chinois.

2 Rincez bien les mini-maïs à l'eau froide puis égouttez-les dans une passoire.

3 Faites chauffer le wok ou une grande poêle à feu vif et versez l'huile. Quand celle-ci est brûlante, faites revenir et colorer l'ail pendant 1 bonne minute. Sortez-le du wok et épongez-le dans du papier absorbant. Faites sauter ensuite les échalotes et les piments pendant 1 minute.

4 Ajoutez les maïs, les asperges, le nuoc mam et portez à ébullition. Couvrez et laissez cuire pendant 2 minutes.

5 Incorporez le brocoli et le chou chinois avec la sauce d'huître, le sucre et le sel. Laissez cuire pendant 3 minutes en remuant souvent. Quand les légumes sont tendres (mais pas encore mous), ajoutez l'ail coloré et servez aussitôt.

88 Chow Mein

Grand classique chinois	
Préparation : 20 minutes	
Pour 4 personnes	

225 g de nouilles chinoises aux œufs

4 cuillerées à café d'huile de sésame

1 filet de poulet sans peau coupé en lanières

2 1/2 cuillerées à soupe d'huile d'arachide

1 cuillerée à soupe d'ail finement haché

50 g de pois gourmands coupés en lanières

4 tranches de jambon de Parme coupées en lanières

4 cuillerées à café de sauce soja

1 cuillerée à soupe de vin blanc

1 cuillerée à café de sel

1/2 cuillerée à café de poivre blanc

1/2 cuillerée à café de sucre

3 cuillerées à soupe d'oignons nouveaux finement hachés

POUR LA MARINADE :

2 cuillerées à café de sauce soja

2 cuillerées à café de vin blanc

1 cuillerée à café d'huile de sésame

1/2 cuillerée à café de sel

1/2 cuillerée à café de poivre blanc

« Chow Mein » signifie en chinois de Canton « pâtes sautées ». C'est sans doute la recette la plus répandue de toute la Chine du Sud. Elle se prépare très vite et vous pouvez la faire varier avec tous les ingrédients que vous aimez ou que vous avez sous la main : poisson, viande, volaille, légumes... Elle est parfaite pour les petits repas improvisés. Si vous le pouvez, choisissez des nouilles aux œufs fraîches, elles sont plus savoureuses.

1 Commencez par faire cuire les pâtes dans un grand volume d'eau salée pendant 3 à 5 minutes puis égouttez-les et plongez-les dans beaucoup d'eau froide pour les refroidir instantanément. Égouttez-les à nouveau et mélangez-les avec 3 cuillerées à soupe d'huile de sésame.

2 Mélangez les lanières de poulet avec les ingrédients de la marinade et laissez-les macérer ensemble pendant 10 minutes.

3 Faites chauffer le wok ou la poêle à feu vif puis versez 1 cuillerée à soupe d'huile d'arachide. Quand elle est très chaude, faites sauter le poulet pendant 2 minutes puis mettez-le dans une assiette. Essuyez bien le wok.

4 Dans le wok toujours très chaud, versez le reste d'huile d'arachide puis faites revenir l'ail pendant 10 secondes. Ajoutez les pois gourmands, le jambon et poursuivez la cuisson pendant 1 minute.

5 Incorporez les nouilles cuites, la sauce soja, le vin, le sel, le poivre, le sucre, les oignons et faites sauter pendant 2 minutes.

6 Ajoutez le poulet et son jus dans les nouilles. Continuez la cuisson pendant 3 à 4 minutes, le temps que le poulet soit cuit. Ajoutez enfin l'huile de sésame restante et servez sans attendre.

89 Légumes sautés sur leur nuage de nouilles frites

Vite fait, bien fait
Préparation : 45 minutes
Pour 4 à 6 personnes

350 g d'aubergine

225 g de courgette coupée en bâtonnets

30 cl d'huile d'arachide

175 g de vermicelles de riz

3 gousses d'ail écrasées

4 oignons nouveaux hachés

2 cuillerées à soupe de vin blanc

2 cuillerées à soupe de sauce pimentée chinoise

15 cl de bouillon de volaille *(voir page 134)* ou de légumes

1 cuillerée à café de sucre

2 cuillerées à soupe de sauce soja

1 cuillerée à café de sel

1 cuillerée à café de Maïzena mélangée avec 1 cuillerée à soupe d'eau froide

Quand nous étions enfants, je me souviens que, lors des grandes occasions, les plats que nous préférions contenaient toujours des nouilles de riz frites. Je pense que c'est un peu la même chose maintenant pour les enfants occidentaux allant au restaurant Chinois... En fait, toutes les nouilles frites sont délicieuses et, avec une petite sauce et quelques légumes sautés, elles sont irrésistibles aussi pour les grands !

1 Coupez les aubergines en bâtonnets assez fins de 7,5 cm de long environ. Salez-les abondamment et laissez-les s'égoutter dans une passoire pendant 20 minutes. Rincez-les ensuite à l'eau froide puis épongez-les avec du papier absorbant.

2 Chauffez l'huile à feu vif dans un grand wok. Faites frire 1 minute environ les nouilles en deux ou trois fois puis égouttez-les avec du papier absorbant. Elles doivent gonfler, devenir croustillantes sans colorer.

3 Faites chauffer le wok ou la poêle à feu vif puis versez 2 cuillerées à soupe d'huile de friture des pâtes. Quand elle est assez chaude, faites sauter l'ail et les oignons pendant 30 secondes. Ajoutez les aubergines, les courgettes et continuez la cuisson pendant 1 minute.

4 Incorporez tous les autres ingrédients de la recette sauf la Maïzena, mélangez et faites cuire encore 1 minute. Ajoutez enfin la Maïzena, en mélangeant, portez à ébullition un instant.

5 Disposez les nouilles frites dans une assiette de service et recouvrez-les avec les légumes cuits et leur sauce. Servez aussitôt avant que les pâtes ne ramollissent.

90 Nouilles sautées Sichuan

Repas piquant brûlant !
Préparation : 50 minutes
Pour 4 personnes

225 g de porc haché

450 g de nouilles chinoises fraîches aux œufs

1 cuillerée à soupe d'huile de sésame

2 cuillerées à soupe d'huile d'arachide

2 cuillerées à soupe d'ail finement haché

2 cuillerées à soupe de gingembre finement haché

5 cuillerées à soupe d'oignons nouveaux finement hachés

2 cuillerées à soupe de beurre de cacahuètes

2 cuillerées à soupe de sauce soja

3 cuillerées à café de sauce pimentée chinoise

2 cuillerées à soupe d'huile pimentée ***(voir page 137)***

Sel et poivre noir fraîchement moulu

25 cl de bouillon de volaille ***(voir page 134)***

2 cuillerées à café de poivre du Sichuan grillé et moulu ***(voir page 140)***

POUR LA MARINADE :

1 cuillerée à soupe de sauce soja

2 cuillerées à café de vin blanc

Sel et poivre noir fraîchement moulu

Voici une recette typique du Sichuan, dense, épicée et savoureuse. Dans la pratique, on la trouve dans toute la Chine et plus encore au nord. Elle fait partie de ce qu'on appelle les « xiao chi », c'est-à-dire littéralement les « petites nourritures » que l'on consomme dans la rue à toute heure pour caler une petite faim.
Ces pâtes peuvent être en fait cuisinées de cent manières différentes. Voici ma version, mais n'hésitez pas à la personnaliser à votre tour.

1 Mélangez le porc avec les ingrédients de la marinade et laissez macérer pendant 20 minutes.

2 Faites cuire les pâtes dans un grand volume d'eau salée pendant 3 à 5 minutes puis égouttez-les et plongez-les dans de l'eau froide pour les refroidir instantanément. Égouttez-les à nouveau et mélangez-les avec l'huile de sésame (vous pouvez faire toute cette préparation à l'avance).

3 Faites chauffer le wok ou la poêle à feu vif puis versez l'huile d'arachide. Quand elle est assez chaude, faites sauter l'ail, le gingembre et les oignons pendant 30 secondes. Ajoutez le porc mariné et faites sauter pendant 2 minutes.

4 Ajoutez tous les autres ingrédients sauf le poivre du Sichuan et laissez cuire encore pendant 2 minutes. Incorporez les nouilles et mélangez bien. Servez bien chaud dans un plat et saupoudrez de poivre du Sichuan au dernier moment.

91 Nouilles sautées façon Singapour

Vite fait, bien fait
Préparation : 45 minutes
Pour 4 à 6 personnes

225 g de fines nouilles de riz

5 champignons parfumés chinois secs

175 g de petits pois surgelés

4 œufs battus

1 cuillerée à soupe d'huile de sésame

1 cuillerée à café de sel

1/2 cuillerée à café de poivre blanc fraîchement moulu

3 cuillerées à soupe d'huile d'arachide

1 1/2 cuillerée à soupe d'ail haché

1 cuillerée à soupe de gingembre finement haché

3 petits piments rouges ouverts épépinés et finement hachés

6 châtaignes d'eau en boîte égouttées (en épicerie asiatique)

100 g de jambon blanc coupé en fins bâtonnets

3 oignons nouveaux finement hachés

100 g de queues de petites crevettes cuites et décortiquées

1 botte de coriandre fraîche

Le curry ne fait pas partie des épices traditionnelles de la cuisine chinoise. En fait, il fut amené en Chine par les pèlerins bouddhistes revenant de la côte est de l'Inde. C'est d'ailleurs pour cette raison qu'on trouve plus de recettes au curry au sud et à l'est de la Chine que dans d'autres régions. De plus, la tradition culinaire chinoise a toujours su assimiler les apports de l'extérieur et le curry est un bel exemple de cette faculté d'intégration.
Ici les pâtes forment une base idéale pour laisser les épices exprimer toutes leurs saveurs. Cette recette est très simple et accompagnera parfaitement viandes et poissons. Vous pouvez aussi la servir seule. Si vous ne trouvez pas de nouilles de riz, prenez des nouilles chinoises aux œufs. Sachez aussi que ces pâtes sautées se dégustent aussi bien chaudes que froides. Si vous êtes végétarien, supprimez la viande, les crevettes et remplacez le bouillon par du lait de coco.

1 Faites tremper les nouilles de riz et les champignons dans de l'eau chaude pendant 25 minutes puis égouttez-les. Si vous prenez des nouilles aux œufs, faites-les cuire dans un grand volume d'eau salée pendant 3 à 5 minutes puis égouttez-les et plongez-les dans de l'eau froide pour les refroidir instantanément. Égouttez-les et mélangez-les avec un peu d'huile de sésame.

2 Faites tremper les champignons dans de l'eau chaude pendant 20 minutes puis égouttez-les. Pressez-les ensuite entre vos mains pour éliminer un maximum d'eau. Coupez et éliminez les pieds puis détaillez les chapeaux en fines lamelles.

3 Ébouillantez rapidement les petits pois puis égouttez-les. Battez les œufs et mélangez-les avec l'huile de sésame, un peu de sel et de poivre.

4 Faites chauffer le wok ou la poêle à feu vif puis versez l'huile d'arachide. Quand elle est assez chaude, faites revenir l'ail, le gingembre et les piments pendant 30 secondes. Ajoutez les châtaignes, les champignons, le jambon, les oignons et faites sauter pendant 1 minute.

(voir page suivante)

Pour la sauce au curry :

2 cuillerées à soupe de sauce soja

2 cuillerées à soupe de curry

2 cuillerées à soupe de vin blanc

1 cuillerée à soupe de sucre

1 cuillerée à café de sel

1 cuillerée à café de poivre noir

25 cl de lait de coco en boîte ou en brique

17 cl de bouillon de volaille ***(voir page 134)***

5 Ajoutez les pâtes, les crevettes et les petits pois. Continuez à faire cuire pendant 2 minutes. Incorporez ensuite tous les ingrédients de la sauce et poursuivez la cuisson pendant 5 minutes.

6 Versez enfin les œufs battus et faites les cuire dans les pâtes en mélangeant vivement. Décorez avec la coriandre puis servez aussitôt.

92 Nouilles « minute » au curry

Rencontres Est-Ouest
Préparation : 10 minutes
Pour 4 personnes

350 g de nouilles chinoises, fraîches ou sèches

2 cuillerées à café d'huile de sésame

3 cuillerées à soupe de ciboulette finement hachées

Pour la sauce :

3 cuillerées à soupe d'huile d'olive

2 cuillerées à café d'huile de sésame

3 cuillerées à soupe d'échalotes finement hachées

2 cuillerées à soupe de moutarde

1 cuillerée à soupe de curry

2 cuillerées à soupe de sauce soja

Sel et poivre noir fraîchement moulu

Avec quelques nouilles chinoises, on peut préparer un petit repas en un rien de temps. Dans cette recette, elles sont accompagnées par une sauce « Est-Ouest » à la moutarde, au curry et à la sauce soja. À découvrir…

1 Faites cuire les pâtes dans un grand volume d'eau salée pendant 3 à 5 minutes puis égouttez-les et plongez-les dans de l'eau froide pour les refroidir instantanément. Égouttez-les à nouveau et mélangez-les avec l'huile de sésame (vous pouvez faire toute cette préparation à l'avance).

2 Faites chauffer le wok ou la poêle à feu vif puis versez les huiles. Quand elles sont brûlantes, faites colorer les échalotes pendant 2 minutes. Ajoutez ensuite la moutarde, le curry, la sauce soja, un peu de sel et de poivre.

3 Ajoutez les pâtes cuites et faites-les réchauffer pendant 3 minutes. Décorez avec la ciboulette et servez sans attendre.

93 Nouilles coréennes aux légumes et au sésame

Repas sans façons
Préparation : 35 minutes
Pour 4 personnes

4 champignons parfumés chinois secs

1 cuillerée à soupe de champignons noirs chinois secs

100 g de nouille de haricots (ou de riz)

2 cuillerées à soupe d'huile d'arachide

1 carotte coupée en fines lamelles

1 oignon nouveau coupé en fines tranches

1 poivron vert coupé en fines lanières

12 cl d'eau

POUR LA SAUCE :

3 cuillerées à soupe de sauce soja

3 cuillerées à soupe d'huile de sésame

1 1/2 cuillerée à soupe de graines de sésame

1 cuillerée à soupe d'ail haché

2 cuillerées à soupe de sucre

1 cuillerée à café de poivre noir

Cette recette très simple est, en fait, une adaptation très personnelle d'un plat coréen. Toute la saveur de ce plat tient au mélange des pâtes, des épices et des champignons.

1 Faites tremper les champignons dans de l'eau chaude pendant 20 minutes. Pressez-les ensuite entre vos mains, éliminez les queues et coupez les chapeaux en fines lanières.

2 Faites tremper les nouilles dans un grand saladier rempli d'eau chaude pendant 15 minutes. Égouttez-les puis, avec des ciseaux, coupez-les en segments de 7,5 cm de long environ.

3 Faites chauffer le wok ou la poêle à feu vif puis versez l'huile d'arachide. Quand elle est assez chaude, faites sauter les champignons, la carotte, l'oignon, le poivron et l'eau. Faites cuire pendant 5 minutes.

4 Ajoutez tous les ingrédients de la sauce et les pâtes dans le wok. Mélangez bien et faites cuire pendant 2 minutes. Servez soit très chaud soit à température ambiante.

94 Nouilles de riz sautées

Vite fait, bien fait
Préparation : 50 minutes
Pour 4 personnes

225 g de nouilles de riz sèches

450 g de queues de crevettes crues décortiquées

3 cuillerées à soupe d'huile d'arachide

3 cuillerées à soupe d'ail haché

3 cuillerées à soupe d'échalotes coupées en fines tranches

1 piment rouge épépiné et haché

2 œufs battus

2 cuillerées à soupe de jus de citron vert

3 cuillerées à soupe de nuoc mam

1 cuillerée à soupe de sauce pimentée *(voir page 137)*

1 cuillerée à café de sucre

1/2 cuillerée à café de poivre noir fraîchement moulu

175 g de germes de soja

Pour la garniture :

1 citron vert coupé en quartiers

3 cuillerées à soupe de coriandre fraîche

3 oignons nouveaux coupés en tranches

3 cuillerées à soupe de cacahuètes grillées et grossièrement hachées

Voici la recette la plus connue de toute la Thaïlande. On la cuisine dans toutes les maisons, dans tous les restaurants et dans les petites échoppes de rues. Vous y trouverez les saveurs essentielles de la cuisine thaï : le sucré, l'acide, le brûlant.

1 Faites tremper les nouilles de riz dans de l'eau froide pendant 25 minutes puis égouttez-les dans une passoire.

2 Avec un couteau, incisez le « dos » des queues de crevettes et éliminez le petit intestin noir qui se trouve dans les chairs. Rincez et égouttez les crevettes. Épongez-les dans du papier absorbant.

3 Faites chauffer le wok ou une poêle à feu vif et versez une cuillerée à soupe d'huile d'arachide. Quand elle est très chaude, faites sauter les crevettes pendant 2 minutes puis égouttez-les.

4 Versez le reste de l'huile dans le wok chaud et faites revenir l'ail, les échalotes et le piment pendant 1 minute. Ajoutez les nouilles et laissez cuire encore 1 minute.

5 Ajoutez les œufs battus sur les crevettes et le jus de citron vert, le nuoc mam, le sucre, la sauce pimentée le poivre, les crevettes cuites, les germes de soja et faites sauter pendant 4 minutes en remuant continuellement.

6 Servez la recette sur un beau plat et décorez-le avec les quartiers de citron vert, la coriandre, les oignons et les cacahuètes.

95 Spaghetti à la sauce tomate épicée

Rencontres Est-Ouest
Préparation : 20 minutes
Pour 4 à 6 personnes

900 g de tomates en boîte

15 cl d'huile d'olive vierge

6 cuillerées à soupe d'oignons nouveaux finement hachés

2 cuillerées à soupe de gingembre frais haché

2 cuillerées à soupe d'ail haché

2 cuillerées à soupe de piments rouges frais hachés

1 cuillerée à soupe de sauce pimentée chinoise

1 cuillerée à soupe de vin blanc

2 cuillerées à café de sucre

2 cuillerées à café de sel

1 cuillerée à café de poivre noir fraîchement moulu

450 g de spaghetti

POUR LA GARNITURE :

Les feuilles lavées d'une botte de basilic

Un peu de parmesan râpé

Certes, les pâtes italiennes sont bien différentes des traditionnelles nouilles chinoises mais j'ai appris à aimer la texture *al dente* des spaghetti. Ici, j'ai adapté un grand classique italien avec quelques épices et aromates bien choisis.
Voici une recette parfaite pour les végétariens mais que vous pourrez aussi servir lors d'un dîner improvisé.

1 Coupez les tomates en morceaux d'environ 2,5 cm de côté.

2 Faites chauffer le wok ou une poêle avec l'huile d'olive puis faites revenir les oignons, le gingembre, l'ail, les oignons et les piments pendant 2 minutes. Ajoutez la sauce pimentée, le vin, le sucre, le sel, le poivre et laissez cuire 1 minute en remuant.

3 Ajoutez les tomates, réduisez l'intensité du feu et laissez cuire lentement pendant 30 minutes. Si vous le souhaitez, vous pouvez préparer cette sauce à l'avance.

4 Faites cuire les spaghetti dans un grand volume d'eau bouillante en les gardant *al dente*. Égouttez-les et mélangez-les à la sauce tomate avec les feuilles de basilic. Servez bien chaud avec un peu de parmesan râpé.

96 Tortillons sautés *carbonara*

Rencontres Est-Ouest
Préparation : 10 minutes
Pour 4 personnes

350 g de tortillons

3 cuillerées à soupe d'huile d'olive

3 cuillerées à soupe d'ail finement haché

1 oignon nouveau haché

2 cuillerées à soupe de zeste d'orange finement haché

100 g de lardons

2 œufs battus

Une botte de ciboulette hachée

Sel et poivre noir fraîchement moulu

La cuisson au wok permet de transformer quelques restes un peu tristes (des pâtes de la veille, par exemple) en un succulent repas. Voici d'ailleurs mon adaptation de la célèbre recette italienne que je prépare sans crème. Servez ces pâtes en plat principal avec une belle salade verte.

1 Faites cuire les pâtes dans un grand volume d'eau salée puis égouttez-les dans une passoire.

2 Faites chauffer le wok ou une poêle avec l'huile d'olive puis faites revenir l'ail, l'oignon et les zestes pendant 2 minutes. Ajoutez les lardons et poursuivez la cuisson pendant encore 3 minutes sans cesser de remuer.

3 Ajoutez les pâtes égouttées, salez, poivrez et faites sauter pendant 5 minutes. Incorporez les œufs battus et faites cuire 3 minutes en remuant sans arrêt. Quand les œufs sont cuits, servez dans un beau plat, décorez avec la ciboulette et servez aussitôt.

97 Pâtes sautées au curry et à l'orange

Rencontres Est-Ouest
Préparation : 20 minutes
Pour 4 personnes

450 g de pâtes (farfalle, penne)

3 cuillerées à soupe d'huile d'olive

3 cuillerées à soupe d'ail finement haché

1 cuillerée à soupe de gingembre haché

1 oignon nouveau haché

2 cuillerées à soupe de zeste d'orange finement haché

6 tranches de poitrine fumée

2 poivrons rouges coupés en petits dés

2 poivrons jaunes coupés en petits dés

2 cuillerées à café de sucre

30 cl de bouillon de volaille ***(voir page 134)***

400 g de tomates en boîte

3 cuillerées à soupe de pâte de curry (en épicerie asiatique)

2 cuillerées à soupe de tomate concentrée

1 cuillerée à café de sel

1/2 cuillerée à café de poivre noir fraîchement moulu

POUR LA GARNITURE :

Les feuilles lavées d'une botte de basilic

Une botte de ciboulette

La cuisson au wok est peut-être la manière la plus rapide de préparer les recettes de pâtes italiennes ! En fait, je me sers très souvent des restes que j'ai dans mon réfrigérateur et, en deux temps trois mouvements, le tour est joué. Servez ces pâtes sautées au curry et à l'orange en plat principal avec une salade verte. Par temps chaud, vous pouvez la servir juste tiède.

1 Faites cuire les pâtes *al dente* dans un grand volume d'eau salée puis égouttez-les dans une passoire.

2 Faites chauffer le wok ou une poêle avec l'huile d'olive puis faites revenir l'ail, le gingembre, l'oignon et les zestes pendant 2 minutes. Ajoutez ensuite la poitrine fumée (préalablement coupée en plusieurs morceaux) et poursuivez la cuisson pendant 1 minute en remuant souvent.

3 Ajoutez les poivrons, le sucre, le bouillon, les tomates, le curry, le concentré, le sel, le poivre. Réduisez l'intensité du feu, couvrez et laissez cuire pendant 30 minutes.

4 Ajoutez les pâtes égouttées en mélangeant bien. Présentez les pâtes dans un beau plat bien chaud et décorez avec le basilic et la ciboulette.

98 Riz sauté à l'indonésienne

Repas sans façons
Préparation : 30 minutes
Pour 4 à 6 personnes

40 cl de riz basmati

175 g de queues de crevettes crues

2 œufs battus

2 cuillerées à café d'huile de sésame

1 cuillerée à café de sel

2 cuillerées à soupe d'huile d'arachide

2 cuillerées à soupe d'ail haché

1 oignon nouveau haché

1 cuillerée à soupe de pâte de crevette (en épicerie asiatique)

225 g de viande hachée

1 cuillerée à soupe de sauce soja

1 petit concombre, pelé et coupé en petits dés

Un peu de poivre noir fraîchement moulu

Et voici enfin le célèbre « nasi goreng » indonésien, tellement facile à faire avec un wok. Et tellement délicieux aussi… À la différence du riz cantonais, le « nasi goreng » est agrémenté d'une garniture comprenant de la viande, des crevettes. De plus, il est parfumé avec de la sauce soja et de la pâte de crevette, ce dernier ingrédient étant typiquement indonésien. Partez pour un petit voyage à Djakarta !

1 Trois ou quatre heures à l'avance, faites cuire le riz comme indiqué page 135. Laissez-le refroidir complètement avant de commencer la recette.

2 Avec un couteau, incisez le « dos » des queues de crevettes et éliminez le petit intestin noir qui se trouve dans les chairs. Rincez et égouttez les crevettes. Épongez-les dans du papier absorbant et coupez-les en morceaux de 1 cm environ.

3 Mélangez les œufs avec l'huile de sésame, la moitié du sel, un peu de poivre et mettez de côté.

4 Faites chauffer le wok ou une poêle avec l'huile puis faites revenir l'ail, les crevettes, l'oignon, la pâte de crevette, le reste de sel, un peu de poivre et faites sauter pendant 2 minutes.

5 Ajoutez la viande et laissez cuire pendant 2 minutes en remuant. Incorporez le riz, poursuivez la cuisson pendant encore 3 minutes puis ajoutez la sauce soja.

6 Versez les œufs battus, mélangez bien et faites sauter encore pendant 1 minute. Ajoutez le concombre puis servez aussitôt.

99 Riz sauté aux herbes fraîches

Repas frais et léger
Préparation : 15 minutes
Pour 4 à 6 personnes

40 cl de riz basmati

3 cuillerées à soupe d'huile d'olive

3 cuillerées à soupe d'ail haché

2 cuillerées à soupe de gingembre haché

2 cuillerées à café de sel

1 cuillerée à café de poivre noir fraîchement moulu

3 cuillerées à soupe d'oignons nouveaux hachés

3 cuillerées à soupe de ciboulette hachée

3 cuillerées à soupe de coriandre fraîche hachée

1 cuillerée à soupe d'estragon haché

2 cuillerées à café de thym frais haché

3 cuillerées à soupe de persil haché

3 cuillerées à soupe de basilic haché

À la maison, j'ai toujours trois ou quatre bottes d'herbes fraîches sous la main. Hachées et sautées avec un reste de riz, elles permettent de réaliser une succulente recette qui surprendra tous vos amis. À essayer sans attendre.

1 Trois ou quatre heures à l'avance, faites cuire le riz comme indiqué page 135. Laissez-le refroidir complètement avant de commencer la recette.

2 Faites chauffer le wok ou une poêle avec l'huile d'olive puis faites revenir l'ail et le gingembre pendant 1 secondes environ. Ajoutez ensuite le riz froid, le sel, le poivre et faites sauter à feu vif pendant 2 minutes sans cesser de remuer.

3 Quand le riz est bien réchauffé, ajoutez les oignons, toutes les herbes et faites cuire encore pendant 3 minutes. Vous pouvez servir cette recette très chaude ou refroidie, à votre goût.

100 Riz sauté au maïs et au gingembre

Rencontres Est-Ouest
Préparation : 10 minutes
Pour 4 personnes

40 cl de riz basmati

275 g de maïs en boîte égoutté

1 cuillerée à soupe d'huile d'arachide

1 1/2 cuillerée à soupe de gingembre frais haché

2 cuillerées à soupe d'oignons nouveaux hachés

2 cuillerées à soupe de vin blanc

1/2 cuillerée à café de sel

1/2 cuillerée à café de poivre noir fraîchement moulu

2 cuillerées à café d'huile de sésame

Le maïs et le riz forment une bonne association en raison de leurs textures différentes et complémentaires. Avec une pointe de gingembre, le mariage est vraiment parfait. Dans la mesure du possible, prenez du maïs frais, mais une boîte fera aussi bien l'affaire. Le riz doit impérativement être froid et cuit à l'avance. De cette manière, il absorbera moins d'huile quand vous le ferez sauter. Cette recette économique et légère accompagnera parfaitement viandes et poissons.

1 Trois ou quatre heures à l'avance, faites cuire le riz comme indiqué page 135. Laissez-le refroidir complètement avant de commencer la recette.

2 Égouttez le maïs dans une passoire.

3 Faites chauffer le wok ou une poêle avec l'huile puis faites revenir le gingembre et les oignons nouveaux pendant un instant. Ajoutez le vin et mélangez.

4 Ajoutez le riz froid, le maïs, le sel, le poivre et faites sauter pendant 2 minutes. Ajoutez l'huile de sésame, laissez cuire encore pendant 4 minutes sans cesser de remuer. Servez aussitôt.

Le bouillon de volaille

Pour 3,5 litres

2,5 kg de carcasse de poulet ou une poule

3,5 litres d'eau

3 tranches de gingembre frais

6 oignons nouveaux

6 gousses d'ail non pelées

1 cuillerée à café de sel

1 Mettez toutes les carcasses de poulet ou de la poule dans une marmite. Recouvrez d'eau froide et portez à ébullition. Pendant ce temps, coupez le gingembre frais et éliminez le vert des oignons nouveaux. Écrasez les gousses d'ail sans les peler.

2 Avec une louche, éliminez l'écume qui surnage au-dessus des carcasses de volaille. Réduisez le feu pour obtenir un frémissement (le fond ne doit jamais bouillir fortement). Laissez cuire ainsi pendant 40 minutes.

3 Ajoutez le gingembre, les oignons, l'ail et le sel. Laissez cuire très doucement pendant 2 heures environ en écumant la surface de temps en temps. De cette manière, vous obtiendrez un bouillon très savoureux, corsé et limpide.

4 Filtrez le bouillon à travers une passoire fine et laissez-le refroidir complètement. Dégraissez-le le cas échéant avec une petite louche et congelez-le dans de petits récipients pour pouvoir en disposer facilement et à tout moment.

Le bouillon de poisson

2,7 kg d'arêtes de poisson (sole, cabillaud)

3,5 litres d'eau

225 g de poireaux

225 g d'oignons hachés

450 g de carottes coupées en fines rondelles

100 g d'échalotes coupées

8 branches de persil frais

4 branches de thym frais

ou 2 cuillerées à café de thym sec

2 feuilles de laurier

5 gousses d'ail non pelées légèrement écrasées

2 cuillerées à café de sel

1 cuillerée à soupe de poivre noir en grains

1 Rincez les arêtes à l'eau froide pour éliminer les traces de sang. Mettez-les dans une marmite, recouvrez-les d'eau froide, portez à ébullition puis réduisez l'intensité du feu pour obtenir un léger frémissement.

2 Pendant ce temps, pelez et lavez les poireaux. Coupez-les en deux dans le sens de la longueur, relavez-les soigneusement et coupez-les en morceaux plus ou moins réguliers.

3 Écumez le bouillon avec une louche et laissez-le cuire ainsi pendant 30 minutes.

4 Ajoutez ensuite tous les autres ingrédients et comptez 1 heure de cuisson.

5 Filtrez le bouillon à travers une passoire fine et laissez-le refroidir complètement. Congelez-le dans de petits récipients pour pouvoir en disposer facilement et à tout moment.

Le riz cuit nature

Pour 4 personnes

40 cl de riz
60 cl d'eau

Voici la méthode la plus simple et la plus efficace pour cuire le riz. Personnellement, je préfère le riz Basmati et, de manière générale, tous les riz à grains « longs » qui gonflent magnifiquement à la cuisson. Ne prenez pas de riz précuits ou dits à « cuisson rapide », ils ne conviennent tout simplement pas.
Le secret pour obtenir un riz cuit et non collant est de démarrer la cuisson à feu très vif et à découvert de manière à faire s'évaporer rapidement presque toute l'eau de cuisson. Ensuite, seulement, il faut réduire le feu au minimum et couvrir le récipient de cuisson pour que le riz absorbe l'humidité résiduelle et se gonfle pour devenir bien moelleux. À ce moment, ne le découvrez jamais avant le terme complet de la cuisson ; ayez la patience d'attendre. Voici un truc qui vous aidera : en début de cuisson, ne recouvrez pas votre riz avec plus de 2,5 cm d'eau.

1 Mesurez 40 cl de riz et rincez-le dans une passoire à l'eau courante froide pendant 1 minute.

2 Égouttez le riz et placez-le dans une grosse casserole avec 60 cl d'eau froide. Mélangez et portez à ébullition à feu vif. Laissez bouillir pendant 5 minutes environ, le temps que le liquide semble presque tout évaporé. À ce stade, couvrez la casserole, réduisez l'intensité du feu au minimum et laissez cuire pendant 15 minutes environ.

3 Sortez la casserole du feu, et laissez reposer le riz, toujours couvert, pendant 5 minutes avant de le servir.

Huile parfumée au gingembre et aux oignons nouveaux

Pour 30 cl

30 cl d'huile d'arachide ou de tournesol

6 cuillerées à soupe d'ail coupé en fines tranches

6 cuillerées à soupe de gingembre haché

6 oignons nouveaux coupés en fines tranches

1 Faites chauffer un wok à feu vif avec l'huile. Quand elle est bien chaude, faites revenir l'ail, le gingembre et les oignons. Quand ces aromates commencent à colorer, retirez le wok du feu. Laissez refroidir pendant toute une nuit.

2 Filtrez l'huile avec une passoire fine puis mettez-la dans des petits récipients hermétiques. Conservez cette huile parfumée pendant 6 mois au réfrigérateur.

Huile d'olive parfumée à la ciboulette

Pour 30 cl

4 bottes de ciboulette

2 cuillerées à soupe d'eau

30 cl d'huile d'olive vierge

1 Réduisez les bottes de ciboulette et l'eau en une pâte assez fine avec un mixeur. Il faut obtenir environ 13 cl de pâte et de jus de ciboulette.

2 Mixez ce jus avec l'huile d'olive. Versez cette huile dans une bouteille, et conservez-la au réfrigérateur 3 jours environ. N'oubliez pas de bien la secouer avant usage.

Huile parfumée au curry

Pour 30 cl

30 cl d'huile d'arachide ou de tournesol

6 cuillerées à soupe de curry Madras

1 Faites chauffer un wok à feu vif avec l'huile. Quand elle est bien chaude, retirez le wok du feu et ajoutez le curry en mélangeant bien avec un fouet bien sec. Attention aux possibles projections brûlantes. Laissez refroidir pendant toute une nuit.

2 Filtrez l'huile avec une passoire fine puis mettez-la dans des petits récipients hermétiques. Conservez cette huile parfumée pendant 6 mois au réfrigérateur.

Huile pimentée

Pour 30 cl

30 cl d'huile d'arachide ou de tournesol

2 cuillerées à soupe de piments secs hachés

1 cuillerée à soupe de poivre du Sichan (voir page 140)

1 Faites chauffer un wok à feu vif avec l'huile. Quand elle est bien chaude, retirez le wok du feu et ajoutez le piment et le poivre, en mélangeant bien avec un fouet bien sec. Attention aux possibles projections brûlantes. Laissez refroidir pendant toute une nuit.

2 Versez cette huile dans une bouteille et conservez-la pendant 6 mois à température ambiante.

Sauce douce pimentée

Pour 30 cl

175 g de piments rouges frais hachés et épépinés

3 cuillerées à soupe d'ail grossièrement haché

1 cuillerée à soupe de sucre

1 cuillerée à soupe de vinaigre de vin

1 cuillerée à soupe de nuoc mam

1 cuillerée à soupe d'huile d'arachide

15 cl d'eau

Sel

1 Mettez tous les ingrédients de la recette dans un wok ou une poêle et portez à ébullition. Faites cuire à feu très doux pendant 15 minutes. Sortez du feu et laissez refroidir pendant 15 minutes.

2 Mixez cette préparation dans un robot électrique. Faites bouillir lentement cette sauce pendant 1 minute, salez puis laissez refroidir. À conserver au réfrigérateur et à utiliser rapidement.

Ingrédients

Tofu

Pour les recettes sautées, il faut choisir du tofu « ferme ». Vous le trouverez en épicerie asiatique, dans les magasins bio et dans certaines grandes surfaces. Il est généralement emballé dans du film alimentaire et, non entamé, vous pourrez le garder plusieurs jours au réfrigérateur. Prenez toujours la précaution de le couper avec un couteau très coupant sinon il s'effrite facilement. Pendant la cuisson, faites également attention de ne pas le briser en mélangeant.

Haricots noirs

Les haricots noirs chinois sont assaisonnés, salés et fermentés avant d'être mis en boîte. C'est cela qui leur donne leur saveur distinctive. Associés à l'ail et au gingembre frais, ils parfument très subtilement les recettes dans lesquelles on les utilise. Peu chers, vous trouverez les haricots noirs en épicerie asiatique souvent sous le nom de « haricots noirs en sauce » ou « sauce de haricots noirs ». Selon les marques, ils peuvent être plus ou moins salés : tenez-en compte. Une fois entamés, conservez-les au réfrigérateur.

Sauce pimentée Chinoise

Cette sauce de couleur rouge peut être aromatisée au gingembre ou à l'ail. Vous la trouverez très facilement dans les épiceries asiatiques. Elle est légèrement sucrée et toujours assez forte. Si vous n'aimez pas les saveurs trop brûlantes, réduisez les quantités indiquées dans les recettes.

Piments

Piments frais

Si vous utilisez des piments frais, commencez par bien les laver à l'eau froide. Partagez-les dans la longueur, éliminez ensuite les pépins puis rincez-les abondamment. Prenez l'importante précaution de bien vous laver les mains (sans oublier le couteau et la planche qui vous ont servi) et de ne surtout pas vous toucher les yeux après avoir découpé des piments.

Piments secs

En Chine, on utilise souvent de tout petits piments rouges séchés ne dépassant pas 1 cm de long. En général, on les laisse entiers ou on les coupe dans la longueur. On les trouve facilement en grandes surfaces. Entreposés dans un endroit sec, ils se conservent très longtemps dans leur flacon en verre.

Piment chili en poudre

Cette poudre est préparée à partir de petits piments rouges et s'utilise dans beaucoup de plats épicés. Comme pour tous les piments en général, dosez le chili à votre convenance.

Champignons secs chinois parfumés

On en trouve de toutes sortes dans les épiceries chinoises ou dans le rayon asiatique des grandes surfaces. Les meilleurs sont bien noirs avec de grands chapeaux dont la surface est parfois craquelée. Une fois achetés, conservez-les dans un récipient hermétique. Pour les cuisiner, faites-les d'abord tremper dans de l'eau chaude pendant 20 minutes environ. Lorsqu'ils sont bien réhydratés, pressez-les entre vos mains, découpez et éliminez leurs queues. On n'utilise que les chapeaux. Bien filtrée pour en éliminer toutes traces de sable, l'eau de trempage peut servir à préparer des soupes ou cuire du riz.

Zeste d'agrumes

Les zestes d'agrumes préparés à partir d'oranges sont souvent utilisés en cuisine chinoise pour parfumer les recettes qui demandent un temps de cuisson prolongé. Mais, dans les plats sautés, ils trouvent aussi leur place. Dans certains cas, on peut aussi prendre des zestes frais, mais séchés, ils possèdent encore plus de goût. Vous pouvez vous les procurer dans les épiceries asiatiques mais voici comment les faire simplement. Prélevez le zeste d'une orange avec un économe en essayant de ne pas prendre la peau blanche qui est assez amère. Rincez rapidement les zestes, puis étalez-les sur un plateau et faites-les sécher au soleil. Lorsqu'ils sont bien secs et durs, conservez-les dans une boîte hermétique. Pour les utiliser, faites-les tremper quelques minutes dans de l'eau très chaude puis coupez-les comme le demande la recette.

Champignons noirs chinois

Les champignons noirs chinois sont recherchés et appréciés en raison de leur texture croquante unique. Vous les trouverez sans problème en épicerie asiatique ou en grandes surfaces. Secs, vous pouvez les garder pendant des mois dans un endroit relativement sec. Pour les utiliser, faites-les tremper pendant 20 minutes dans de l'eau chaude, rincez-les puis découpez-les comme indiqué dans les recettes. Le cas échéant, éliminez les petites racines dures.

Nuoc mam

Cette sauce brune, limpide et assez salée est préparée avec des poissons fermentés comme les anchois ou les sardines, principalement au Vietnam et en Thaïlande. Pour ce produit, n'hésitez pas à prendre les marques les plus chères pour être sûr d'avoir la qualité requise.

Ail

Préférez l'ail rose qui convient parfaitement à la cuisine asiatique. Conservez-le au frais, mais non dans le réfrigérateur où il se mettra à germer.

Gingembre

Choisissez de beaux bulbes dorés, bien dodus avec une peau bien lisse. Vous pouvez les conserver pendant 2 semaines dans le bac du réfrigérateur. Dans la plupart des recettes de cet ouvrage, le gingembre doit être haché : procédez comme pour des gousses d'ail. On trouve en grandes surfaces du gingembre frais haché surgelé et il convient parfaitement.

Sauce Hoisin

Cette sauce épaisse, sucrée, parfois assez forte et brune, est préparée avec des haricots de soja, du vinaigre, du sucre, des épices et des aromates. On la trouve en boîte dans les épiceries asiatiques. Une fois entamé, conservez le pot bien couvert au réfrigérateur.

Nouilles

Nouilles de haricots

On les appelle aussi « nouilles cellophane » en raison de leur aspect fin et blanc. On les prépare à partir de farine de haricots chinois. On les trouve dans certaines épiceries asiatiques, sèches et enveloppées dans des sachets en plastique.

Nouilles de riz

Ces pâtes blanches et opaques sont vendues sèches sous une multitude d'épaisseurs et de formes. Pour les utiliser, faites-les tremper pendant 20 minutes dans de l'eau chaude. Puis égouttez-les soigneusement dans une passoire. Elles sont alors prêtes à être cuisinées.

Nouilles à la farine et aux œufs

Vous les trouverez sèches ou fraîches dans toutes les épiceries asiatiques. Prenez les nouilles rondes et épaisses pour les recettes sautées car elles résistent bien à la cuisson et au mélange. Si vous les faites cuire à l'eau à l'avance (pour gagner du temps au moment du repas), prenez soin de les mélanger avec un peu d'huile de sésame pour éviter qu'elles ne collent entre elles.

Huiles

Huile d'arachide

J'aime prendre cette huile pour cuisiner car sa saveur est très neutre et n'interfère pas avec les ingrédients des recettes. Certes, elle contient plus d'acides gras saturés que d'autres huiles, mais elle peut être chauffée à haute température sans brûler, ce qui est indispensable pour les recettes sautées. Vous pouvez la remplacer par de l'huile de tournesol ou de maïs.

Huile de sésame

Cette huile sirupeuse et brune est extraite de graines de sésame torréfiées. Elle possède une saveur unique et reconnaissable entre toutes. On l'utilise comme un assaisonnement et non comme une huile de cuisson car elle brûle très rapidement. En général, on l'incorpore dans les plats au tout dernier moment.

Sauce d'huître

Cette sauce brune et épaisse est préparée à partir de concentré d'huîtres cuisiné à la sauce soja et au bouillon. Malgré son nom, elle n'a pas une saveur de poisson très forte. Elle est vendue en petites bouteilles dans les épiceries asiatiques et dans le rayon spécialisé des grandes surfaces. Je la conserve toujours au réfrigérateur.

Cacahuètes

Avant de les utiliser, éliminez la fine peau rouge qui les recouvre. Pour cela, ébouillantez-les pendant 2 minutes puis laissez-les refroidir. La peau s'enlève ensuite presque d'elle-même.

Crevettes

Pour les recettes de cet ouvrage, prenez des crevettes congelées que l'on trouve maintenant très facilement dans les grandes surfaces. Vous trouverez des crevettes entières ou les queues des crevettes. Ces deux produits conviennent. Avant cuisson, il faut décortiquer leurs queues et parfois aussi éliminer le petit intestin noir qui s'y trouve.

La pâte de crevette

La pâte de crevette est préparée avec une poudre de crevettes déshydratées qui a subi une fermentation. Crue, cette pâte possède une saveur assez marquée mais la cuisson l'atténue beaucoup. Vous la trouverez dans les épiceries asiatiques et sachez que les marques thaïlandaises sont les meilleures. Elle se conserve presque sans limite de temps, bien emballée au réfrigérateur.

Poivre du Sichuan

Le poivre du Sichuan est de couleur brune et possède une saveur qui le différencie sans équivoque du classique poivre noir. D'ailleurs le poivre du Sichuan provient d'un arbuste appartenant à la famille de ceux qui produisent des agrumes.
Il ne coûte rien et il est vendu en sachet dans toutes les épiceries asiatiques. Conservez-le au sec dans une boîte bien fermée. Pour griller ce poivre et lui donner un superbe arôme, faites chauffer un wok ou une poêle à feu moyen. Ajoutez les grains de poivre et laissez-les colorer pendant 5 minutes environ en mélangeant sans arrêt. Versez ensuite dans une assiette et laissez refroidir. Ensuite vous pouvez moudre tout le poivre et le conserver dans un récipient hermétique ou le moudre au fur et à mesure à l'aide d'un moulin spécialement dédié à cet usage.

Sauce soja

La sauce soja est élaborée à partir de fèves de soja et de farine fermentée auxquelles on ajoute de l'eau et du sel. Le jus obtenu est ensuite « vieilli » pendant quelques mois avant sa commercialisation en bouteilles. On trouve la sauce soja très facilement dans le commerce. Les marques japonaises sont sans doute les meilleures et conviennent très bien pour les recettes de ce livre. La sauce soja chinoise est également parfaite mais il faut l'acheter dans les épiceries asiatiques.

Oignons nouveaux

Dans mon livre, j'utilise les oignons nouveaux dans pratiquement toutes les recettes pour leur saveur ou pour leur belle couleur décorative et appétissante. Pour les cuisiner, pelez toujours la première peau et éliminez les extrémités d'un coup de couteau. Retirez aussi les fanes vertes si elles sont fanées. Lavez les oignons à grande eau pour enlever tout le sable qu'ils peuvent avoir. Pour les hacher, vous pouvez utiliser un couteau ou un petit mixeur électrique.

Vin blanc chinois

Le vin blanc chinois est un alcool très utilisé pour la cuisine au wok. On en trouve maintes variétés et les meilleures viennent de l'est de la Chine, des provinces du Shaoxing ou du Zhejiang. Toutefois, il n'est pas évident de le trouver dans le commerce, si ce n'est dans les épiceries asiatiques bien achalandées. Pour le remplacer, prenez un bon vin blanc sec.

Vinaigre

Les vinaigres sont très souvent utilisés en cuisine chinoise. On en trouve beaucoup de variétés : elles peuvent être douces, très acides, épicées ou non, colorées ou pas. Vous les trouverez dans les épiceries asiatiques. Si vous ne pouvez pas vous procurer de vinaigre chinois, prenez un bon vinaigre de cidre.

Vinaigre de riz

Ce vinaigre est transparent, incolore et légèrement doux. On l'utilise pour toutes les recettes aigres-douces.

Vinaigre noir

Ce vinaigre, au contraire, est complètement noir, riche et presque épais. On le prend pour préparer les recettes braisées. Il sert aussi à accompagner les fruits de mer, le crabe notamment.

Vinaigre rouge

Ce vinaigre est sucré et épicé. Il fait presque penser à une sauce et il est parfois utilisé pour accompagner les fruits de mer.

Châtaignes d'eau

Ces châtaignes sont blanches, sucrées, croquantes et ont approximativement la taille d'une noix. On les trouve très facilement en boîte dans les épiceries asiatiques. Il faut les égoutter et bien les rincer avant usage. Si vous n'utilisez pas toutes les châtaignes d'une boîte en une seule fois, placez-les dans un bol avec un peu d'eau et conservez-les ainsi quelques jours au réfrigérateur.

Index

Les numéros de page en *italiques* indiquent les illustrations

Édition originale

Photographies des recettes par Steeve Lee

Première publication 2004 par BBC Books, BBC Worldwide Ltd, 80 Wood Lane London W12OTT

L'éditeur souhaite remercier la société Westmill Food pour le portrait de Ken Hom qui figure dans cet ouvrage page 6.

Un grand nombre de woks et d'ustensiles utilisés par Ken Hom sont vendus par William Levene Ltd.
Pour toute information sur la commercialisation de ces produits, contactez : Ekono s.a.r.l. 25, boulevard des Italiens, 75002 Paris
Tél. 01 42 66 55 11 e-mail : eekono@aol.com

Édition française
Traduction : Stéphan Lagorce
Adaptation et réalisation : Brigitte Brisse et Thomas Winock

ISBN : 201235799-7
23-27-5799-4-02
Dépôt légal : novembre 2005

Imprimé en France par Pollina - n° L98502

Remerciements :
L'éditeur tient à remercier Solange Bied-Charreton pour son aide précieuse.